KB125612

절대 배신하지 않는
공부의기술

절대 배신하지 않는
공부의기술

당신의 노력을 합격으로 바꾸는   14일 완성 공부 습관 프로젝트

이상욱(긍정에너지토리파) 지음

웅진 지식하우스

노력에 배신당했다는
당신에게

"선생님은 왜 유튜브를 하세요?"

진료실에 찾아온 환자들 중에도 내 유튜브 채널의 구독자가 있다. '저는 이 공부법으로 의사가 되었습니다'라는 영상이 인기를 끌면서 쭈뼛쭈뼛 인사하며 말을 걸어오는 환자들이 부쩍 늘었다. 환자들을 진료실에서 만나면 대개 몸이 뻣뻣하게 경직된 경우가 많은데 유튜브로 시작하는 안부 인사가 진료실 공기를 데워주곤 한다. 물론 내가 유튜브를 시작한 이유가 환자들과 교감하기 위해서는 아니었다.

나는 '긍정에너지토리파'라는 유튜브 채널을 운영하는 현직 의사다. 환자들은 의사라는 나의 직업과 '공부 유튜브'라는 어울리지 않는 조합에 호기심을 보인다. 하지만 의사만큼 평생 공부해야 하는 직업이 또 있을까. 의사와 공부는 떼려야 뗄 수 없는 관계다. 의료 기술은 나날이 발전하고 있고 국내외에서 발표되는 논문과 환자 케이스를 따라가려면 시간을 쪼개고 쪼개서 공부하는 수밖에 없다. 내게 공부는 숙명 같은 것이다. 의사라는 직업을 선택한 동시에 나는 평생 공부하는 사람으로 살 것을 결심한 것이나 다름없다.

그러나 모든 의사들이 '공부 유튜브'를 하는 것은 아니니 왜 유튜브를 하냐는 질문에 답이 되지 않는다. 내가 유튜브를 하게 된 까닭을 한마디로 말하자면 '혼자 공부하기 외로웠기' 때문이다. 컴컴한 새벽 시간 혼자 일어나 공부하고, 환자들을 진료하는 짬짬이 공부하고, 퇴근하고 아이를 돌보다 가족들이 잠자리에 들면 슬금슬금 서재로 가서 하루 공부를 마치는 일상을 지속시키려면 강력한 동기가 필요했다. 공부하는 사람의 외로움은 공부하는 사람만이 안다.

지금은 어엿이 개인 병원을 차린 의사가 되었지만, 나는 머리가 좋거나 집안 환경이 좋아서 큰 어려움 없이 의사가 된 케이스는 아니다. 아버지가 사기를 크게 당해 가정 형편이 곤두박질쳐 문제집 살 돈도 없는 학창 시절을 보냈고, 재수 끝에 대학에 입학했으며, 그마저도 원하던 전공이 아니었던 탓에 또다시 수험생으로 돌아가야 했다. 의학전문대학원에 합격하고도 의사 자격을 얻기 위해 도서관에서 살았고, 그 뒤에는 미국의사면허에 도전하기 위해 스스로 다시 수험생이 되었다. 아무렴 의사가 된 지금도 공부에는 끝이 없다.

그렇게 어언 20년을 공부하며 살다 보니 언제부터인가 내 안에 '외로움'이 자라나고 있었다. 대학 입시를 향해 공부하던 학창 시절에는 오히려 외로운 줄 모르고 살았던 것 같다. 주변 친구 모두가 한곳을 바라보고 있었고, 같은 수업을 듣고 같은 교실에서 공부했으며, 먹는 것도 거기서 거기였고, 심지어 자는 시간도 비슷했다. 하지만 성인이 된 순간부터 공부는 나 혼자와의 싸움이 되었다. 스터디 팀을 만들어도 잠시 잠깐일 뿐 언젠가 뿔뿔이 흩어지고 만다.

공부와 제대로 씨름해본 사람이라면 알 것이다. 공부하는 동안 얼마나 외로운지. 그래서 시작한 게 유튜브였다. 나처럼 혼자 공부하는 사람들과 교감하고 싶었다. 내가 쌓아온 공부법도 나누고 싶었다. 포기하고 싶을 때 등 두드리며 "너는 충분히 할 수 있다"고 격려하고 또 격려받고 싶었다. 실패 앞에서 좌절하는 이들에게 용기를 주고 싶었다. 누군가 전해 온 합격 소식에 기분 좋은 하루를 보내고 싶었다. 외로운 사람들에게 벗이 되어주고, 또 그 벗들로부터 희망을 얻고 싶었다.

그렇게 '공부 유튜버'가 되어 지난 2년 동안 많은 사람들과 만나고 대화할 수 있었다. 인기 영상이 생기고 구독자가 늘면서 수험생들뿐 아니라 직장인들도 댓글로, 메일로 고민을 상담해왔다. '1/4/7/14 공부법'이라고 이름 붙인 나만의 반복 학습법을 따라 해서 시험에 합격했다며 감사 인사를 해온 구독자도 있었지만, 길어지고 있는 수험 생활에 자신감이 떨어져서 괴로움을 토로하는 내용이 많았다.

친구들과 어울려 시간을 허비한 '날라리' 10대 학생도, 이미 두어 번 불합격의 고배를 마신 20대 고시생도, 직장을 다니면서 주말에 인강으로 공무원 시험을 준비하고 있는 30대 직장인도 있었다. 절실하게 공부 코치를 원하는 학생과는 직접 만나 과목별로 코칭해주기도 했고, 매일 공부량을 체크하는 카톡 대화를 이어나가기도 했다. 대부분은 메일로 고민 상담에 회신을 해주었는데, 하나하나 회신을 보내는 게 벅찰 정도로 상담 요청이 늘어날 무렵, 나는 불현듯 깨달았다. 저마다 다양한 사람들의 고민 속에는 하나같이 다음과 같은 근본적인 물음이 담겨 있었던 것이다.

- "노력해서 안 될 일이 없다는데, 왜 저는 이 모양이죠?"
- "내가 이만큼 노력했는데, 결과가 그만큼 안 나오면 어쩌죠?"
- "노력을 어떻게 하는 건지 잘 모르겠습니다. 제가 그 방법을 알면 실천하기는 할까요?"

- "세상이 제가 포기하길 원하는 걸까요? 노력하니까 오히려 더 안되는 것 같아요."
- "노력도 재능일까요? 열심히 하는 사람들을 보면 타고난 것 같아요."

바로 '노력'에 대한 불신이었다. 나는 이토록 많은 사람들이 자신의 노력을 폄훼하고 있는지 몰랐다. '노력이 곧 성공'이라는 등가 공식이 희미해진 세상이라지만, 열심히 노력하고 있는 사람들조차 자신의 노력을 믿지 못하다니, 자기 존재와 삶의 의미를 모두 부정하는 것이 아닌가.

그렇다면 이들이 의심하는 것처럼 과연 노력은 정말 쓸모없는 것일까? 노력(努力)이란 '어떤 목적을 이루기 위해 몸과 마음을 다하여 애를 쓴다'는 사전적 정의를 가지고 있다. 우리는 어렸을 때부터 '노력은 배신하지 않는다'는 말을 듣고 자라왔다. 그러니 일단 성적이 안 좋다면 스스로의 노력을 의심하게 된다. '내 노력이 부족해서 이 모양이야'라고 쉽게 자신을 탓하게 되는 것이다.

그렇다면 노력의 기준은 무엇일까? 얼마큼 해야 노력한 걸까? 4시간 자고 공부하면 합격하고 5시간 자면 떨어진다는 사당오락(四當五落)이라는 말처럼 수면 시간이 기준이 되는 걸까? 1등 하는 사람과 비슷하면 노력한 거고, 아니면 노력하지 않은 것일까? 노력하기로 마음먹은 사람들은 궁금해한다. 어느 정도로 해야 노력이라 부를 수 있을까? 기준이 애매하니 잘하는 사람을 기준 삼아 또다시 나를 깎아내린다. 이런 메커니즘이 노력의 기준을 절대적인 것으로 만들고, 그리하여 내 노력의 가치를 훼손하는 것이다.

나 또한 노력을 의심한 수험 시절이 있었다. 탄탄대로를 달려가는 친구들 옆에서 홀로 재수 생활을 할 때, 그리고도 원하는 학과에 입학하지 못해 낙오자가 된 느낌으로 대학 생활을 할 때, 나는 패배감에 절어 있었다. 나보다 열심히 하지 않은 것 같은 친구가 시험 성적이 좋으면 시기심과 질투감에 사로잡혀 괴로웠던 게 한두 번이 아니다. 그럴 때면 나는 어머니가 해주신 말씀을 떠올렸다.

"이렇게 열심히 하는데 네가 아니면 누가 해내겠니. 집안 사정은 좋지 않지만 네가 하고 싶은 공부는 무슨 수를 쓰든 엄마가 시켜줄 거야. 그러니 절대 포기하지 말고 하고 싶은 만큼 공부하렴. 엄마는 믿는다, 우리 아들."

어떻게 공부하라고 구체적으로 알려주시진 않았지만, 어머니의 말 한마디에 나는 포기하지 않고 '최선을 다하는 마음'을 잃지 않을 수 있었다. 이 세상에 누군가 나를 진심으로 응원하는 사람이 있다는 사실 하나로 내 가능성이 무한하다 느꼈다.

그렇게 자신감을 가지고 주위를 돌아보니 노력하는 사람들의 진짜 모습이 보였다. 그동안 설렁설렁 대충 산다고 여겨온 사람들의 숨은 노력 말이다. 여태껏 나는 공부 잘하고 사회적 성공을 이룬 사람들을 많이 만나왔다. 그들에게 합격과 성공의 비법을 물어보면 대답은 늘 한결같았다.

'하루하루 최선을 다한 노력.'

노력을 통해 귀한 보상을 얻는다는 진리를 증명할 방법은 무수히 많다. 실업계 고등학교 2학년 학생이었던 '쓰리'는 나와 만나면서 자동차 디자이너라는 꿈을 갖더니 서서히 공부에 관심을 가졌고, 노력을 쏟아부은 지 2년 만에 고려대학교에 입학했다. 오토바이를 즐겨 타며 학교에 거의 나오지 않던 내 '꼴통' 친구는 나에게 자극을 받아 삼수 끝에 경희대학교에 합격했다. 전교생 350명 중에서 300등 안에 든 적이 한 번도 없던 잠 많던 친구도 재수 끝에 한양대학교에 입학했다. 친구들뿐 아니다. 흰 가운을 입고 환자들을 진료하고 있는 지금의 내 모습 자체가 노력의 정당한 보상이다.

내게 노력은 '자기 삶에 최선을 다하는 자세'를 뜻한다. 우리가 노력한다면 분명히 인생은 바뀐다. 내 삶에 최선을 다하기로 결심했다면 이미 반쯤 성공한 것이다. 우리는 스스로에게 너무 인색한 경우가 많다. 자신이 부족하다고 채찍질하는 것보다 자신을 믿고 칭찬하고 잘할 수 있다는 마음을 가져야 한다. 자신을 믿는 것, 그 믿음으로 공부 노력을 지속해나가는 힘을 키워야 한다. 물론 무턱대고 마음만 먹는다고 '공부 자존감'이 생길 리 없다. 불안을 잠재우는 길은 오로지 공부하는 방법에 변화를 주는 일뿐이다. 시간은 모두에게 공평하게 주어진다. 하지만 시간을 운영하는 기술을 바꾸면 시간을 늘릴 수도 줄일 수도 있다.

그래서 이 책을 썼다. 노력하려고 마음먹었지만 시간이 부족한 사람들, 좀 더 효과적으로 공부하고 싶은 사람들에게 어떻게 공부할지, 얼마나 재미있게 공부할지, 어떻게 꾸준히 할지를 알려주고 싶었다. 노력하기로 결심한 당신에게 이제 필요한 것은 '공부의 기술'이니까. 몸과 마음이 바쁜 사람들에게 효과적인 동기부여 방법과 제대로 공부하는 방법, 불안을 다스리는 마음가짐을 전하기 위해 나는 이 책을 아래와 같이 구성했다.

1장 '당신의 노력은 더 이상 실패하지 않는다 ─ 배신하지 않는 노력의 기술'에서는 먼저 열심히 공부하고 시험을 준비했던 당신의 노력이 실패한 이유를 짚어주려 한다. '피 땀 눈물' 맺히는 노력에도 원하는 결실을 맺지 못한 사람들에게는 대체로 하나의 공통점이 있다. 세상이 공평하지 않다는 열등감이나 피해의식이 마음 깊숙이 찾아드는 것이다. 그런 마음이 들면 노력해야 할 이유와 공부해야 할 동기가 사라지고 만다. 엑셀을 밟으려면 엔진에 시동부터 걸어야 하는데, 동기가 없으니 그로부터 촉발되는 행동을 이끌어내기란 더더욱 쉽지 않다. 이런 사람들에게 밑바닥에서부터 숱한 좌절과 시행착오를 딛고 걸어온 내 발자취가 도움이 되었으면 한다. '다시' 도전해야 하는 이유를 함께 찾아나가고 싶다. 한두 번의 실패에 무너질 만큼 우리는 나약하지 않으니까.

2장 '합격을 향한 똑똑한 노력은 따로 있다 — 반드시 성공하는 공부 습관'에서는 본격적으로 공부법을 전수한다. 중고등학교 6년을 시작으로 대학과 의학전문대학원을 마치고, 의사가 된 지금도 미국 의사자격증에 도전하는 등 공부가 넘쳐나는 인생을 살아가는 입장에서 지난 20여 년간 공부하며 쌓아온 '비기(秘器)'를 정리해보았다. 공부에는 왕도가 없다는 말처럼, 나만이 가진 유일무이한 법칙 같은 것은 있을 리 없다. 다만 내가 만든 공부법은 머리로는 알지만 몸으로는 실행하기 어려운 '꾸준함'을 확립해준다는 장점이 있다. 짧게는 몇 달, 길게는 몇 년에 걸쳐 긴 레이스를 뛰어야 하는 수험생들이나, 공부하는 직장인들이라면 공부에 앞서 '공부 습관'을 들이는 것이 중요하다. 이때 '쪼개기'와 '반복'의 개념을 적용하는 내 공부 방법이 '페이스 메이커'가 되어주면 좋겠다. 특히 유튜브에서 화제가 된 나의 '1/4/7/14 공부법'이 불안과 초조함을 잠재워주리라 기대한다.

다음으로 3장 '나는 이 공부법으로 의사가 되었다 — INPUT과 OUTPUT의 합격 솔루션'에서는 시험 합격을 위해 효과적으로 인풋(투입, input)하고 확실하게 아웃풋(산출, output)할 수 있는 '공부 스킬'을 하나하나 살펴볼 것이다. 기본서를 완벽하게 뜯어보는 목차 공부법과 키워드 공부법부터 형광펜과 볼펜만으로 끝내는 암기법, 문제집

한 권을 내 것으로 만드는 문제 풀이의 기술, 두 달 만에 모든 시험을 정복할 수 있는 몰입법까지 아낌없이 나누고자 한다. 시험 합격을 목표로 하고 있다면 부족한 건 시간이다. 적은 시간을 투입해서 점수가 크게 향상되는 것이야말로 모든 수험생의 바람이다. 그래서 필요한 것이 공부 스킬이다. 이 장에서 정리한 공부 스킬들이 당신의 합격 순간까지 함께하길 바란다.

마지막으로 4장 '공부 자존감을 지키는 마음 습관 — 공부할 때 나다움을 잃지 않는 법'에서는 공부하는 마음가짐에 대해 이야기할 것이다. 나는 시험에 한 번 실패한 학생이나 수험생들이 주눅 들어 있는 모습을 많이 봐왔다. '난 정말 머리가 나쁜가봐'라고 자책하기도 하고, 열심히 노력했는데도 세상이 날 필요로 하지 않는다고까지 여긴다. 이런 마음이 들면 몰입력이 낮아질 뿐만 아니라 불안감이 커져 일상생활에도 영향을 미친다. 잘 먹거나 자지도 못하니 무기력해지고, 결국에는 포기하려는 마음에 불을 지핀다. 결국 무엇보다 공부하는 사람들에게 중요한 것은 '공부 자존감'이다. 자신에 대한 믿음을 바탕으로 공부 노력을 지속해나가는 마음, 이 공부 자존감을 키워나가는 기술을 이 장에 담았다.

노력은 정말로 배신하지 않을까? 내 대답은 'YES'다. 노력을 통한 성취야말로 달콤하고 값지다. 그 누구도 아닌 나의 노력은 오롯이 내 것이다. 노력이야말로 명석하게 타고난 두뇌와 가정환경이라는 모든 조건을 이겨낼 수 있는 강력한 무기다. 게다가 누구나 할 수 있으니 공평하기까지 하다. 노력을 불신하는 시대에 내가 '노력 설파자'가 된 까닭이다.

나는 여전히 이 책으로 정리한 나만의 공부법으로 꾸준히 공부하고 있다. 이른 아침, 아직 해가 뜨기 전 어둑한 시간에 책상 앞에 앉아 스탠드 불빛 아래에서 계획한 양을 채우고 책을 덮는 순간, 가슴 아래에서부터 긍정의 힘이 솟구쳐 오르는 것을 느낀다. 스스로가 대견하다는 생각이 들며, 나를 칭찬해주고 싶어진다.

내게도 공부가 너무 힘들었던 시간이 있었다. 물론 지금도 쉽지는 않다. 하지만 끝내 해내고 나면 '아, 진짜 그때 버티길 잘했어' 하는 시간이 온다. 자신을 믿고 버티는 사람을 막을 도리는 없다. 내가 이 책에서 진정 말하고 싶은 것이 바로 그것이다. 노력의 결과, 공부의 성공은 합격만을 남기지 않는다. 자신을 믿고 버텨내는 힘, 습관을 유지하는 힘, 그 힘을 발판 삼아 더 많은 가능성에 손을 뻗게 될 것이다.

자신의 가능성을 발견하고 삶의 방향을 찾는 하루를 살아보길 바란다. 하루하루를 더해 딱 14일만 원하는 대로, 계획한 대로 노력해보길 바란다. 그러면 자신이 가고자 하는 목적지를 향해 매진할 수 있는 용기와 기회도 찾아들 것이다. 우리는 어제보다 나은 오늘을 만들 수 있다. 당신의 의지와 노력이 차곡차곡 쌓여서 성공이라는 나무의 진정한 밑거름이 된 그때가 되면 당신도 알게 될 것이다. 노력은 절대 배신하지 않는다는 것을.

2021년 2월
긍정에너지토리파 이상욱

1장 당신의 노력은 더 이상 실패하지 않는다

| 배신하지않는 노력의 기술 |

2장 합격을 향한 똑똑한 노력은 따로 있다

| 반드시 성공하는 공부 습관 |

3장 나는 이 공부법으로 의사가 되었다

| INPUT과 OUTPUT의 합격 솔루션 |

4장 공부 자존감을 지키는 마음 습관

| 공부할 때 나다움을 잃지 않는 법 |

— 1장 —

당신의 노력은
더 이상 실패하지 않는다

배신하지 않는 노력의 기술

절대 배신하지 않는 공부의 기술

나를 키운 건 8할이
노력이었다

배우는 사람은 자포자기하지 않는다.

| 김영민(서울대학교 교수) |

나는 어렸을 때 육상부원이었다. 100미터 달리기를 전력 질주하고 나면 밖으로 튀어나올 것처럼 심장이 가쁘게 뛰는 것이 좋았다. 중학생 때에는 육상으로 진로를 정하고 싶을 정도로 달리기를 좋아했지만, 내 실력은 바람을 따라가질 못했다. 학년에서는 손에 꼽히는 실력이었지만, 육상부원 세 명 중에서 꼴찌는 번번이 내 몫이었다. 그러던 2학년 여름방학 때 일이다. 전국체육대회 지역 예선을

앞두고, 도 대회에 출전할 학교 대표를 가리기 위해 교내 육상 시합을 연다고 했다.

나는 학교 대표로 선발되기 위해 무더운 여름날 하루도 빼먹지 않고 열심히 연습에 매진했다. 연습은 뙤약볕이 내리쬐는 한낮부터 후덥지근한 밤까지 날마다 이어졌고, 땀범벅으로 집에 돌아가면 씻을 기력도 없이 고꾸라져 잠이 들었다. 그리고 드디어 시합일이 밝았다. 그날 아침에는 어찌나 긴장이 되던지 아침밥도 먹는 둥 마는 둥 하고 학교로 향했다. 꼴찌에서 탈출해서 멋지게 스타디움에 서겠다는 각오가 비장했다.

세 명이 나란히 출발선에 서서 선생님의 호루라기 소리를 기다렸다. '삑' 하는 소리에 맞춰 거의 자동으로 몸이 앞으로 튀어나갔다. 하지만 욕심이 과했던 것일까. 그만 70미터 지점에서 넘어지고 말았다. 전력을 다해 달리다 발목이 삐끗하며 넘어지는 그 순간 번쩍이는 빛을 본 것만 기억이 난다. 그리고 손바닥으로 땅을 짚고 일어나 다리를 절뚝이며 기어이 결승선까지 걷듯 달렸던 것 같다. 정신을 차리고 보니 무릎과 팔꿈치가 온통 까졌고 온몸이 욱신거리며 아파왔다.

노력해본 사람만 아는 희열의 순간
·······························

　나는 결국 또다시 꼴찌를 하고 말았다. 울컥 눈물이 났다. 선생님께서는 빨리 보건실에 가서 치료를 받으라고 하셨지만, 나는 도저히 포기할 수 없었다. 경기는 끝났고 결과는 바꿀 수 없었지만, 선발전을 위해 혼자 땀 흘리며 준비한 시간이 분하고 아쉬웠다.

　"선생님, 저 혼자서라도 다시 한번만 뛸 수 있게 해주세요."

　"혼자서 뛰겠다고? 그 몸으로 어떻게 다시 뛴다는 거야?"

　"뛸 수 있어요. 제발 한 번만 뛰게만 해주세요."

　나는 다리를 절뚝거리며 다시 출발선으로 걸어갔다. 통증이 심했다. 나중에 알고 보니 무릎뼈에 실금이 가 있었다. 출발선에 서서 선생님의 호루라기 소리에 온 신경을 곤두세우고 있다가 다시 '삑' 소리에 출발했다. 달리는 순간 완전히 시간이 멈춘 것 같았다. 숨을 쉬지 않고 땅만 보고 달려가는데 미친 듯이 바람이 몰아쳤다. 그리고 정말 순식간에 나는 결승선을 통과했다. 달리는 것에만 몰입하던 그 순간에는 무릎 통증도 까맣게 잊고 있었다. 정말이지 하나도 아프지 않았다.

　12.1초! 내 인생 최고의 100미터 달리기 기록이 그때 나왔다. 비록 학교 대표로 선발되지는 못했지만 인생 신기록이 탄생한 순간이었다. 아직도 그날의 짜릿한 희열이 선명하다. 터질 것 같은 심장을

부여잡고 거친 숨을 몰아쉬며 나는 다시 출발선에 서서 달려야겠다고 용기 낸 나 자신이 대견하다고 생각했다. 결과는 꼴찌였지만 1등이 부럽지 않았다. 안 된다고, 못 한다고 생각하지 않고 내 노력을 증명해 보인 나 스스로가 자랑스러웠다.

그 후로 나는 육상을 그만두었지만 육상부원이었던 그 시절의 나를 떠올리면 언제나 흐뭇하다. 해내겠다는 열망과 노력이 나를 한 뼘 성장시켰기 때문이다. 나는 요즘도 '과연 내가 잘할 수 있을까?' 의심이 들 때면 그때를 떠올린다. 그러면 늘 같은 답이 나온다.

'할 수 있다, 일단 시작해보자.'

나는 치열하게 공부하기로 했다

13년 전 무더운 여름날, 나는 내 한계에 다시 한번 도전하기로 했다. 육상을 포기한 이래로 품어온 의사의 꿈을 이루기 위해 의학전문대학원(이하 의전원) 입학을 준비하던 대학교 3학년 때였다. 의전원에 입학하기 위해선 영어 수업을 수강할 수 있을지를 평가하는 토플 시험의 문턱을 넘는 게 필수였다. 이과생으로서 평생 영어와 담을 쌓아왔던 나에게 토플 시험은 가장 높은 장벽이었다. 영어가 발목을 잡는다고 꿈을 내어줄 수는 없었다.

그해 여름, 나는 죽도록 영어 공부에 올인했다. 대입 수험생이었을 때조차 공부에 그리 매진하지는 않았던 것 같다. 아침 6시면 학원에 나가 밤 12시가 돼서야 집으로 돌아왔다. 밥 먹을 시간도 아까워서 이른 아침 김밥 세 줄을 사서 학원에 갔고, 저녁이 되면 조금 쉰 듯한 마지막 김밥 한 줄로 저녁을 때우며 시간을 아꼈다. 내 인생에서 가장 치열하게 공부했던 순간이었다.

아스팔트를 들끓게 하는 무더위만큼이나 열정을 불태우며 뜨거운 시간을 보내고 나는 결국 그토록 꿈꿔왔던 의사로 향하는 관문을 통과할 수 있었다. 토플 시험에서 합격선으로 점수를 끌어올렸고, 그 결과 의전원에 합격했다. 누군가에게는 두 번 다시 떠올리고 싶지 않은 인생의 암흑기였을지 모르지만, 내게는 그렇지 않았다. 그 여름은 내가 언제든 죽을 만큼 치열하게 노력할 수 있다는 사실을 알려준 소중한 시간이었다. 그리고 또 나는 알게 되었다. 그 노력의 바탕이 나에 대한 가능성과 믿음이었다는 것을.

'우리는 왜 공부를 하는 것일까?' 나 스스로에게도 끊임없이 던지는 질문이다. 10년 차 의사가 된 지금도 나는 끊임없이 목표를 세우고 삼시 세끼를 먹듯 습관처럼 공부하고 있다. 물론 이제는 수험생처럼 단 하루도 쉴 틈 없이 빡빡한 목표를 세운다거나 일상을 모두 내팽개치고 파고들어야 할 정도로 공부하지 않는다. 하지만 지금도 종종 공부에 몰입하던 그 시절을 복기하곤 한다. 내가 지나온 순간의 기억은 어려운 상황에서 나를 견디게 해주는 든든한 버팀목이 되어주기 때문이다. 치열하다 못해 처절하게 공부하며 스스로 배우고 익혔던 '스스로 변할 수 있다는 믿음', 이것이 바로 내 삶의 가장 큰 원동력이 되었다.

우리가 공부에 노력을 쏟아붓는 이유는 무엇일까? 물론 공부를 하는 첫 번째 목적은 시험 합격이나 원하는 결과를 거두기 위해서다. 하지만 그 목표를 이룬 후의 삶을 좌우하는 것은 '노력하면 언제나 할 수 있다는 믿음'이다. 인생의 어느 한 시점에서 후회 없이 치열하게 노력했던 기억이 있는 사람이라면, 언제든 새로운 목표가 눈앞에 닥쳤을 때 주저하지 않고 열정적으로 덤빌 수 있다. 이것이 내가 생각하는 공부의 이유이자, 노력의 의미다.

노력은 인생의 정류장이 아니라 나침반이다

고3 시절, 선생님들께서는 자주 이렇게 말씀하셨다.

"지금만 열심히 하면 나중엔 편해진다."

"수능만 보면 고생은 끝난다. 조금만 참자."

선생님들이 말씀하셨던 노력의 시간이란 꼭 인생의 정류장 같았다. 목적지가 아니기 때문에 지나치면 그만인 것이다. 끝이 있어야 안심하고 목표에 열중할 수 있으니 위안 삼아 하신 말씀이겠지만, 돌이켜보니 공부에 매진한 시간이 그저 지나가면 그만인 정류장만은 아닌 것 같다.

초등학교를 입학해서 대학을 졸업할 때까지 우리가 공부하는 시간은 최소 16년이다. 아동기부터 청소년기, 그리고 성인의 첫 시기를 대부분 공부하며 보낸다. 직업을 갖는 시기가 늦어진다면 20년 가까이 공부하기도 하고, 평생 공부해야 하는 나 같은 직업을 가진 사람들도 있다. 이 긴 공부의 시기는 단순히 직업을 갖거나 시험에 합격하는 것으로 끝나지 않고, 고스란히 몸과 마음에 새겨져 인생을 대하는 자세를 만든다.

그래서 나는 공부하고 노력하는 시간을 정류장이 아니라 내 인생의 나침반이라고 생각한다. 공부하는 동안 나는 인생을 배웠고, 공부하는 자세가 인생의 태도가 되었고, 시험에 합격한 이후에도 공부 자세 그대로 인생을 살아간다. 노력이 내 인생의 나침반이 되어 나를 이끌어주고 있는 것이다. 내가 주변에서 본 성공한 사람들 대부분도 그랬다. 공부 습관이 남아 하루하루를 부끄럽지 않게 살고 좀 더 높은 목표에 도전하며 열정을 잃지 않는 삶을 살고 계시는 분들이 많다. 이런 꾸준함 덕분에 그들은 계속 성장한다.

지금 공부하는 당신 모습이 초라한가? 누군가는 멋지게 차려입고 한때를 보내고 있는데, 혼자만 보잘것없이 보장되지 않은 미래를 향해 노력하고 있는 모습이 실망스러운가? 누구든 한계에 도전하지 않을 권리와 자유가 있다. 우리는 얼마든지 안락한 현재에 머물 수 있다. 현실의 벽은 자주 우리를 가로막고, 개인의 체력과 정신력도 타고난 차이가 있기 마련이다. 현실에 안주할 기회는 얼마든지 많다.

하지만 너무 일찍 현재에 붙잡혀 노력을 포기해버린다면, 내 인생의 이야기는 여기서 끝난다. 한계를 넘을 때 느끼는 희열, 목표를 달성했을 때 차오르는 자신감, 그로 인해 뿜어져 나오는 당당한 눈빛과 열정적인 삶의 자세는 모두 최선을 다하는 오늘에서 시작된다. 인생의 다음 페이지를 열기 위해 열심히 노력하는 당신의 오늘이 그 무엇보다 빛나고 아름다운 이유다.

노력은 인생의 나침반이다. 공부하며 치열하게 노력했던 경험은 인생의 태도를 만들고, 그 태도가 나의 인생을 결정한다. 그런 시간을 보낸 사람은 인생의 기회를 절대 놓치지 않는다.

당신의 노력은 왜 실패했는가

당신이 삶에서 저지를 가장 큰 실수는
실수를 저지를까 봐 계속 두려워하는 것이다.

| 엘버트 허버드 |

"다른 친구들보다 정말 열심히 공부를 하고 노력하는 학생입니다. 그런데 노력해도 안 돼요. 매일 꾸준히 공부하고 집중하고 노력하는데 왜 안 되는 걸까요? 이제는 제 자신을 못 믿겠고, 저 스스로를 탓하게 돼요. 너무 힘들어요. 왜 저는 노력해도 안 되는 걸까요?"

"3년째 행정고시를 준비하고 있는 스물아홉 살 고시생입니다. 올해가 마지막이라는 생각으로 하루 12시간씩 공부하고 있습니다.

하지만 작년에도, 재작년에도 이렇게 열심히 공부했는데 떨어졌다는 사실이 머릿속에서 떠나질 않아요. 과연 노력한다고 합격할 수 있을까요?"

유튜브를 시작한 후부터 구독자들에게 이런 메일과 댓글을 참 많이 받았다. 누구나 노력하면 할 수 있다는 믿음처럼, 모두가 노력한 만큼 원하는 결과를 얻을 수 있다면 얼마나 좋을까. 하지만 그런 믿음을 갖기엔 너무나 자주 우리는 노력을 의심하게 된다. 구독자들이 보내온 메시지들 속 핵심은 결국 '저도 노력하면 꿈을 이룰 수 있을까요?'라는 한 문장이다. 고생과 수고에 비해 돌아온 보상이 너무 작아서 간절하게 원하면서도 상처받을까 봐 외면하고 싶은 답이 있는 것 같다.

그 간절함에 '당연히 할 수 있다'고 답하고 싶지만, 실패를 여러 번 경험한 사람에게 '노력해봅시다. 할 수 있습니다!'라는 말처럼 기운 빠지는 말이 없다. 나 역시 오랜 기간 공부하면서 실패와 좌절의 고배를 여러 번 맛보았기에, 스스로 답을 증명해내기까지 얼마나 많은 노력이 필요한지 알고 있다.

노력을 의심하기 전에 노력의 오답노트를 만들라

그래서 나는 실패 뒤에 좌절감에 빠져 노력을 의심하는 사람들에게 이런 질문을 한다. '당신이 실패한 이유가 무엇인지 분석해보았는가.' 실패를 돌아볼 용기를 가진 사람은 드물다. 사람들은 왜 실패했는지, 무엇이 부족했는지 파고들기보다 노력한 만큼 성과를 얻지 못했음에 배신감을 느끼고 그 자리에 주저앉아버린다.

나 역시 한때는 '불운의 아이콘'이었다. 고3 시절, "상욱이만큼 공부하면 못 갈 학교가 있겠냐"는 소리를 들을 정도로 열심히 공부했지만 원하는 성적이 나오지 않아 재수를 했고, 재수 끝에도 원하는 학과에 진학하지 못했다. 원하는 대로 풀리지 않으니 모의고사 전날이면 심장이 두근거리고 잠이 오지 않았다.

'점수가 잘 안 나오면 어쩌지….'

'혹시 시험 울렁증이 발동해 실수라도 하면 그다음엔….'

그렇게 머릿속을 헤집고 다니는 잡념들과 무수히도 싸웠고, 싸우면 싸울수록 나 스스로 실패를 대면할 용기가 없었음을 깨닫게 되었다. 과목별로 오답노트를 만들어 공부하면서도 내 노력의 오답노트는 만들지 않았던 것이다. 그 후로 나는 나만의 노력 오답노트를 쓰기 시작했다.

- 과목별로 계획한 공부량은 적절했나
- 문제 풀이에 집중한 공부 계획은 적절했나
- 내가 유지하고 있는 공부 습관은 최선인가
- 스트레스를 잘 배출하고 휴식을 잘 취했나
- 식이요법과 수면시간은 적절했나
- 시험일까지의 페이스 조절에 실패한 것은 아닌가
- 컨디션을 유지하지 못한 이유는 무엇인가

항목은 그때그때 달랐다. 이번 시험을 준비하며 계획했던 것들, 지난 시험에서 부족했던 부분이 다르기 때문이다. 하지만 분명한 것은 하나다. 나만의 노력 오답노트를 만들어 스스로의 공부 습관과 페이스 조절, 컨디션 유지 등을 분석하고 점검해서 공부 계획을 수정해나가는 과정이 필요하다는 것이다.

실패를 돌아보는 과정은 다음 공부를 준비하는 발판이 되기도 했지만 인생의 큰 자산이 되기도 했다. 지난한 과정 속에서 사고의 틀을 깨는 경험도 많이 했고, 스스로를 한계 짓는 생각들에서 벗어나는 법도 알게 됐다. 합격했을 때, 혹은 합격하지 못했을 때도 그 과정 속에서 매번 무언가를 손에 쥐고 일어섰다.

실패를 돌아볼 용기가 기회를 만든다

고대 그리스인들은 '이전에 경험하지 못한 현실이 드러나는 순간'을 '카이로스(Kairos)'라고 했다. 카이로스는 그리스 로마 신화에 나오는 '기회의 신'의 이름이기도 하다. 그는 앞쪽 머리카락은 길지만 뒤쪽은 잡을 수 있는 머리카락이 하나도 없는 남성 신으로 묘사되는데, 그 모습이 마치 재빠르게 잡지 않으면 놓치고 마는 기회의 성격을 닮았다고 하여 '기회의 신'이라고 불린다.

그래서 카이로스는 오늘날 '유리한 기회, 혹은 적절한 순간'쯤으로 해석되는데, 프랑스의 철학자 샤를 페팽(Charles Pepin)은 조금 다른 관점으로 이 용어를 해석했다. 아직 경험해보지 못한 현실을 뜻하는 카이로스를 '위기' 혹은 '실패'라고 봤을 때, 카이로스는 결코 끝이 아니라 '아직 보지 못했던 것을 발견하는 기회', '숨을 뜻을 읽어낼 수 있는 기회'라는 것이다. 즉 실패는 인생의 망친 낙인이 아니라 또 다른 기회가 될 수도 있으니 실패가 주는 기회를 놓쳐서는 안 된다는 말로 해석한 것이다.

나 역시 처음부터 실패를 마주하는 것이 쉽진 않았다. 하지만 거듭된 실패를 객관적으로 분석하며 비로소 나에게 노력을 불태울 '재료'가 부족했음을 깨달았다. 그래서 나는, 성공보다 실패에서 지혜를 배운다는 누군가의 말처럼, 많은 실패 끝에 찾아낸 '노력의 재료'

에 대해 이야기해보려고 한다. 치열하게 공부하는 당신의 노력이
더 이상 실패하지 않도록 말이다.

 당신의 노력이 실패했다면, 노력의 오답노트를 만들어 자신의 실패를
분석하고 객관화하라. 나에게 무엇이 부족했는지를 깨달았을 때 우리
는 스스로 변할 수 있는 폭발력을 갖추게 된다.

꿈꾸지 않는 자는
이룰 수 없다

인생의 계획은 젊은 시절에 달려 있고
1년의 계획은 봄에 있으며
하루의 계획은 아침에 달려 있다.

| 공자 |

　

우리 병원에서 여드름 피부 관리를 받는 학생이 있다. 대학 입학을 앞두고 있었는데 또래보다 늦게 입학하는 경우라 약간 의기소침해 있었다. 아직 혈기왕성할 나이에 낯빛이 어두운 그 친구가 궁금해져서 함께 시간을 내어 커피를 마셨다. 그 친구와 이야기를 나누는 과정에서 요즘 20대 친구들이 살고 있는 현실을 본 것 같아 마음이 편치 않았다.

"넌 꿈이 뭐야? 앞으로 뭘 하고 싶어?"

"꿈이요? 그런 거 없어요. 하고 싶은 게 꼭 있어야 해요?"

뭐든지 할 수 있을 것 같은 스무 살 친구가 꿈이 없다니, 마음이 허전하고 의기소침한 이유를 알 것 같았다. 꿈이 없는데 어떤 노력을 할 수 있을까? 꿈이야말로 시간을 지배하는 재료인데 말이다.

나는 그 친구에게 먼저 꿈을 찾아보자고 했다. 대학에 입학한다고 보장되는 것은 아무것도 없다. 잠시 그간의 노력에 대한 보상으로 자유를 만끽할 수는 있지만, 사실 그때부터가 진정한 레이스의 시작이다. 대학 입학은 우리 삶에서 하나의 관문을 통과한 것일 뿐 그 자체로 삶의 목표가 될 순 없다.

나는 노력이 성과로 이어지기 위해서는 반드시 두 가지 재료가 필요하다고 생각한다. 하나는 노력을 통해 이뤄내고 싶은 것, 즉 꿈이자 목표이고, 다른 하나는 지치지 않고 노력할 수 있도록 만드는 패턴, 즉 습관이다. 마치 차에 탔을 때 내비게이션에 목적지를 설정해야 연료가 얼마나 필요한지 알 수 있는 것처럼, 내가 도달하고 싶은 목표를 설정한 후에야 노력도 뒤따르는 것이다.

자존감이 낮은 사람은 꿈꾸지 않는다

"서른네 살 직장인입니다. 국어 선생님이 되고 싶었지만 사범대에 입학하지 못했고, 교육대학원에 진학해 4년간 임용고시를 준비했지만, 끝내 합격하지 못했습니다. 지금은 아버지 지인 회사에서 사무직으로 일하고 있어요. 일도 생활도 큰 불만은 없지만 가끔 이루지 못한 꿈이 생각납니다. 다시 임용에 도전해볼까 생각해봤지만, 공부도 오래 쉬었고 노력해도 똑같은 결과를 얻을까 두렵습니다. 다시 도전한다면 제가 합격할 수 있을까요?"

유튜브를 시작하고 만난 많은 사람들 중 아직도 기억에 남는 분이 있다. 지금은 다른 길 위에 서 있지만 끝내 꿈을 잊지 못한 분이었다. 이렇듯 나의 메일함에는 다시 도전하고 싶지만 선뜻 도전하지 못하는 사람들의 상담 메일이 가득하다. 그들이 도전 앞에서 망설이는 이유는 실패로 인해 자존감을 잃어버렸기 때문이다. 나는 예전의 내 모습을 보듯, 과거의 실패 경험에 자신을 가둬버린 그의 모습이 참으로 안타까웠다.

많은 이들이 인생을 바꿀 수 있다는 믿음을 가지고 꿈을 키워간다. 하지만 당장이라도 이룰 수 있을 것만 같았던 그 꿈들이 눈앞에서 흐릿해지는 순간, 내 노력의 이유도 사라져버린다. 실패가 만들어낸 자괴감의 늪에서 빠져나오려면 '나는 그 꿈을 이룰 수 있다'는 자존감이 필요하다. 자신에 대한 믿음 말이다. 물론 자존감을 단번에 키울 수는 없다. 그래서 좌절감이 들 때 필요한 게 바로 '작은 성취'다. 그런 성취의 경험을 조금씩 늘려가다 보면 어느새 자존감도 함께 늘어난다.

자존감을 높이는 작은 성취의 힘

성균관대학교 공대를 졸업하고 지금 삼성전자에서 일하는 친한 형이 한 명 있다. 우리는 토플 스터디에서 함께 공부했는데 스터디를 시작할 무렵 형의 토플 성적은 140점이었다. 당시에는 컴퓨터 기반의 토플 시험인 CBT를 봤는데, 토플 140점을 토익으로 환산하면 대략 400~450점 정도 된다. 점수로만 보면 중학생 정도의 영어 실력이었다. 그런데 그 형은 자신이 영어를 못한다는 것을 부끄러워하지 않았다.

형은 모르는 게 있으면 선생님께 죄다 물어봤다. '와, 저런 것도 모르는데 어떻게 성균관대학교에 들어갔지?' 하는 생각이 들 정도로 기초적인 것을 서슴지 않고 물어봤다. 그런데 모의고사를 치르는 과정 내내 형의 영어 성적이 10~15점씩 올랐다. 첫 모의고사 성적표를 받던 날, 형은 성적표를 보더니 강의실에서 소리를 질렀다.

"상욱아! 이거 봐. 형 150점이야!"

"진짜? 형 10점이나 오른 거야?"

형의 마지막 토플 점수는 270점이었다. 토익 점수로는 920~930점에 해당하는 고득점이다. 단 4개월 만에 거둔 놀라운 성과였다. 형은 자신의 영어 실력을 부끄러워하지 않았고 10~15점씩 오른 작은 성취들에 기뻐할 줄 알았다. 작은 성취들은 '노력하면 해낼 수 있다'는 자존감을 높였고, 그 자존감을 원동력 삼아 형은 목표에만 집중했다. 그리고 노력은 결코 배신하지 않았다. 그 형 덕분에 나는 작은 성취의 경험을 공부 자존감으로 만드는 메커니즘의 필요성을 절감했다.

작은 목표를 세우고 성취의 경험을 쌓아라

지난해 회계사 시험을 준비 중인 30대 중반의 여성 구독자분이 내게 연락을 해왔다. 대학 때부터 회계사 시험을 준비해왔던 그녀는 시험에서 번번이 낙방하다 네 번째 도전을 끝으로 다른 곳에 취직은 했지만 미련을 떨칠 수가 없었다. 그러다 우연히 나의 유튜브 방송을 보고 '저 방법으로 다시 한번 공부를 해볼까?'라는 생각에 용기를 내어 메일을 보내왔다. 피드백을 주고받는 과정에서 그녀는 나에게 솔직한 이야기를 해주었다.

"아무래도 회계사 시험에 붙을 가능성이 없을 것 같아요. 중간에 공부를 쉬기도 했고, 책을 봐도 눈에 잘 들어오질 않아요. 봤던 내용도 계속 까먹고…. 아무래도 힘들 것 같아요."

그녀에게 필요한 것 역시 자존감 회복이었다. 잔뜩 주눅 들고 지레 겁먹어 바닥까지 떨어진 '공부 자신감'을 회복하는 게 급선무였다. 그래서 나는 공부 자신감을 키울 수 있는 법을 알려주었다. 하루하루 '딱 할 수 있는 만큼만' 목표를 세우고, 이를 매일 달성하는 습관을 가지는 것이다. 결과를 떠나서 중요한 건 오늘의 목표를 이룬 '나 자신의 노력'인 것을 알고, 그 작은 성취감에 집중할 수 있도록 말이다.

그녀는 회계사 시험에 재도전하기 위해 다시 공부하고 있다. '1/4/7/14 공부법' 덕분에 공부 효율이 올랐고 공식 암기력도 좋아졌다면서, 무엇보다 마음가짐과 태도 면에서 과거의 자신과는 달라졌다고 말했다.

"예전엔 이렇게 공부해도 떨어질 거라는 생각이 들어 그런지 슬럼프가 자주 왔어요. 전에 공부한 내용이 기억나지 않으면 '나는 바본가?'라는 자책을 했고요. 그런데 이젠 달라요. 확실히 공부에 자신감이 붙은 것 같아요. 올해는 할 수 있을 거 같아요!"

이제 그녀는 예전과 다르다. 자신에 대한 강한 긍정과 믿음으로 단단한 내면을 갖게 되었다. 소소한 목표들을 하나씩 이뤄가며 얻은 작은 성취의 경험으로 막연하게만 보이던 꿈을 내 것으로 만들 수 있다는 자신감을 갖게 되었다. 무엇보다 제대로 공부하는 방법을 알게 되었고, 자신의 인생에서 '공부가 어떤 의미'인지 깨닫게 되었다.

지칠 때 용기를 주는 것도 꿈이다

최선의 노력으로 목표한 바를 위해 달려가는 사람들은 과거에 얽매이지도, 외부 요인에 불평을 쏟아내는 데 에너지를 쏟지도 않는다. 그 대신에 에너지를 아끼고 모아서 자신의 꿈에 몰입하고 이를 실현시키는 에너지로 치환한다. 그런 이들의 하루는 그저 흘러가는 것이 아니라, 꿈에 다가가기 위해 한 발짝씩 나아가고 있는 것이다.

나는 가끔 아주 황당한 꿈을 꾸곤 한다. "올해의 목표는 노래를 잘하는 것입니다"라고 공언하기도 하고 "60대에는 하버드대학교에 입학할 겁니다"는 꿈을 이야기하기도 한다. 보컬 트레이닝을 받아본 적도 없고, 30년 가까이 공부해온 영어는 여전히 어렵기만 하지만 당당하게 이런 목표를 얘기하는 이유는, 목표가 있어야 내가 노력할 수 있다는 것을 알고 있기 때문이다.

그동안 노력해왔던 경험에 비추어보면, 무엇이든 꿈이 확실할수록 성공할 확률이 높다. 노력할 이유가 분명하기 때문이다. 나는 이렇게 매년 꿈을 만들어내면서 언제든 노력할 구실을 찾고 있는지도 모른다. 내가 결국 사람들에게 전하고 싶은 메시지도 '꿈을 잃지 말자'는 것이다.

당신이 현재 어떤 삶을 살고 있든, 나이가 많든 적든 관계없이 이루지 못한 꿈이 있다면 이를 위해 조금씩이라도 도전해보라고 말하고 싶다. 나이가 들어갈수록 꿈을 이루는 데 제약이 많을 수 있다. 하지만 이럴 때 꿈이 있다면, 현실을 이겨낼 수 있는 노력에 한발 가까워질 수 있다.

 Tip 노력이 성과로 이어지기 위해서는 꿈과 습관이 필요하다. 꿈은 우리가 공부하며 노력하는 이유가 되고, 확실한 꿈일수록 성공할 확률이 높다. 작은 성취를 통해 공부 자존감을 높여 더 큰 꿈을 그려나가 보자.

자신을 이기는
공부 습관의 힘

의지, 노력, 기다림은 성공의 주춧돌이다.

| 루이 파스퇴르 |

　내게는 나만의 아침 습관이 있다. 평일 아침에는 단 30분이라도 일찍 일어나 독서하는 것과 일요일 오전에는 유튜브 채널에 업로드할 영상을 촬영하는 것이다. 매일 아침 이 일을 반복하는 것은 참 어려운 일이다. 평소에는 별것 아닌 것 같았던 아침 30분이 전날 야간 진료로 지쳐 있는 날에는 너무나 지키기 힘든 약속이 되고, 비 오는 일요일 아침에 영상을 찍기 위해 병원까지 가는 길은 지구 끝보다도

멀게 느껴진다.

습관이란 내 안에 생기는 무수한 핑계를 이겨내야 비로소 손에 얻을 수 있는 것이다. 그러니 당연히 습관을 갖기까지, 또 유지해내기 위해서는 상당한 노력이 필요하다. 결국 노력도 습관인 것이다. 각고의 노력 끝에 습관이 되면, 어느새 세끼를 먹듯 너무 애쓰지 않아도 자연스럽게 노력하는 삶을 살 수 있다.

성공하는 사람에게는 남다른 '습관'이 있다

최근 『나의 하루는 4시 30분에 시작된다』라는 책을 흥미롭게 읽었다. 저자인 김유진 변호사는 매일 새벽 4시 반에 일어나 하루를 시작한다. 나 역시 새벽에 일어나는 것만으로도 삶이 얼마나 많이 달라지는지 잘 알기에 저자의 이야기에 더 관심이 갔다.

새벽에 일어나는 습관은 그날 하루를 온전히 내 것으로 움켜쥘 수 있는 최고의 방법이다. 하루를 일찍 시작하니 남들보다 활용할 수 있는 시간이 많다. 또한 모두가 잠들어 있는 고요한 시간에 나를 위해 무언가를 한다는 사실 그 자체만으로도 스스로에게 동기부여가 된다. 김유진 변호사 역시 새벽 기상을 통해 힘든 유학 생활을 견뎌냈고 미국 2개 주 변호사 시험에 연이어 합격했다. 그리고 지금은 유튜버로, 베스트셀러 작가로 날마다 새로운 인생을 만들어나가고 있다.

세계 최고의 리더라 불리는 이들도 마찬가지다. 『타이탄의 도구들』에 등장하는 성공한 글로벌 리더들에게도 한결같이 '자신만의 습관'이 있었다. 그들은 대부분 아침에 일찍 일어나 일기를 비롯한 글을 썼다. 글을 쓰면서 자신의 생각을 정리하고, 목표를 구체화하며, 실행 방법을 세우는 것이다. 기생충학 박사이자 작가로 유명한 서민 박사도 자신이 작가가 된 비결은 '매일 일기를 쓰는 습관' 덕분이라고 했다.

이처럼 원하는 삶을 살아가는 사람에게는 자신만의 '습관'이 있다. 그리고 그 습관을 매일같이 반복하는 '꾸준함'과 '노력'이 뒤따르면 습관이 곧 인생이 된다.

노력하는 습관은 하루아침에 생기지 않는다

"스무 살인데 사이버 도박에 빠져 대학도 못 갔고 친구들과도 멀어졌습니다. 이젠 부모님도 저를 믿지 않으시고요. 이렇게 살다보니 열등감만 커지고 변하지 않는 제 자신을 보는 게 지치고 힘듭니다. 노력하면 제가 원하는 삶을 살 수 있을까요?"

어느 날 이런 상담 메일이 내게 왔다. 재미로 도박에 발을 들여놓았다가 재미가 인생 전체를 삼켜버린 심각한 상황이었다. 빠져나오려고 발버둥 치며 스스로를 수만 번 다그쳐보았지만 그러지 못해 내게 상담을 요청해온 것일 테다. 하지만 나라고 꼬인 매듭을 풀기 쉬운 것은 아니었다. 왜냐하면 평생 노력해본 경험이 없는 사람이 하루아침에 고쳐지는 경우는 드물기 때문이다. 노력은 몸에 배는 것이고 몸에 배어야 습관으로 자리 잡히는 것이지, 마음만 먹는다고 되는 일이 아니다.

공부는 어찌 보면 성공을 위한 가장 손쉬운 선택인 것처럼 느껴진다. 다른 조건 없이 나만 결심하고 노력하면 된다고 생각하기 때문이다. 하지만 막상 공부를 결심하고 보면 노력이라는 게 여간 어려운 게 아니라는 걸 깨닫기 시작한다.

- 10시 55분이네. 휴대폰 딱 5분만 더 보고 11시부터 시작해야겠다.
- 요즘 야근이 잦았으니까 이번 주까지만 쉬자.
- 밥 먹고 왔더니 졸리네. 30분만 자고 일어나야겠다.
- 어차피 몇 시간 안 남았는데, 그냥 내일부터 해야겠다.
- 이 정도 공부했으면 오늘은 놀아도 되겠지?

이 말에 뜨끔한 사람이 있을 것 같다. 나도 한때는 이 말들을 달고 살았으니 말이다. 그때 했던 말들을 돌아보면 내 발목을 잡은 건 바로 나 자신이었다. 지금 말고 이따 시작하자며 꾸물대고, 오늘은 쉬고 내일 하자며 미루게 하는 자신, 이쯤 했으니 됐다며 노력을 멈추는 자신, 너무 어려운 일이라며 포기하게 하는 자신. 이러한 '자기 합리화'의 덫에 걸린 우리는 속절없이 노력을 멈추고 끝내 포기하게 된다.

남들과 한 약속은 잘 지키면서 왜 나와의 약속은 이렇게 지키기 어려운 것일까? 그 이유 중 하나는 아마 '공부하기로 결심한 어제의 나'와 '실행해야 하는 오늘의 나'는 다른 사람이기 때문일 것이다. 그러다 보니 귀찮은 날, 피곤한 날 누구보다 쉽게 나와의 약속을 지키지 않아도 되는 이유를 달아 합리화하고 마는 것이다.

이런 자기 위안과 자기 합리화를 이길 수 있는 것은 단 하나밖에 없다. 바로 '습관'이다. 여러 번 나 자신을 달래고 귀찮음을 무릅써가며 나 자신과 약속을 지켜냈을 때 갖게 되는 게 바로 습관이다.

습관은 나를 포함한 모든 유혹을 이겨내고 실천하는 힘을 가지고 있다. 예를 들어, 하루에 30분씩 가벼운 달리기를 하기로 마음먹었다고 해보자. 하루 이틀은 귀찮을 수 있지만, 1주일 동안 꾸준히 달린다면 '달리는 나'를 결국 내 몸이 기억하게 된다. 그리고 그 습관은 아무리 귀찮은 날이 와도 '그래도 해야지'라는 한마디의 결심을 피워내는 힘을 가지고 있다.

하지만 제아무리 수십 번 나를 이겨내며 만들어낸 습관이라도 잃어버리는 건 한 순간이다. 열심히 운동하다 살짝 발목을 삐어 1주일이라도 쉬게 되면, 그 이후 다시 달리기까지 습관을 궤도에 올리는 데 오랜 시간이 필요하다. 결국 습관을 만들어내는 데도, 이걸 지켜내는 데도 노력이 필요한 것이다.

2장에서 본격적으로 다루겠지만, 나의 '1/4/7/14 공부법'이란 공부 습관을 만들고 유지하고자 내가 만든 패턴이다. 우리가 노력했다고 생각하지만 쉽게 실패하는 이유도 공부 습관이 없거나 잘못된 공부 습관에 기대어 공부하고 있기 때문이다. 지치지 않고 노력하고 싶다면, 노력의 가성비를 높이고 싶다면 무엇보다 공부 습관을 들여야 한다.

공부 습관을 이길 재능은 없다

"머리가 좋아서 조금만 공부해도 의사가 될 수 있었을 것 같은데?"

"의사가 된 사람들은 보면 그냥 머리가 좋음. 머리 좋은 사람들이 말하는 공부법 알아봐야 무슨 소용임?"

가끔 나의 유튜브 영상에 이런 댓글을 다는 사람들이 있다. 내가 머리가 좋아서 조금만 노력해도 의사가 될 수 있었을 거라는 그 말에 처음엔 상처도 받았다. 하지만 이젠 이 댓글을 발판 삼아 이야기를 해보려고 한다. 글쎄, 과연 내가 머리가 좋아서 조금만 노력해도 의사가 될 수 있었던 것일까? 아마 그랬다면 나는 공부법의 기술을 나누는 유튜브를 시작하진 않았을 것이다.

중고등학생 시절 나의 성적은 의대에 갈 만큼 뛰어나지 않았다. 의대는커녕, 서울 소재 대학에 가기에도 아슬아슬한 성적이었다. 전교생이 501명이던 학교에서 국어는 287등, 수학은 117등 정도로 세 자릿수 석차가 꽤 있었다. 그러다 공부를 본격적으로 시작하면서 조금씩 공부하는 법을 터득해 천천히 성적을 올려나갔다. 재수 끝에 의대에는 진학하지 못했지만, 대학 때도 꾸준히 공부하며 준비해 의전원에 합격할 수 있었고, 결국 의사가 되었다.

이렇듯 나를 의사로 만든 건 좋은 머리나 갖춰진 환경은 아니었다. 누구에게도 지지 않을 만큼 노력했다고 자부할 수 있을 정도로 공부할 수 있었던 건, 바로 나에게 '공부 습관'이 있었기 때문이다. '1/4/7/14 공부법'에 따라 나의 공부 습관을 만들어갔고, 이 습관은 내가 포기하고 싶을 때마다 자동적으로 포기할 수 없게 만들어주었다. 그리고 그 습관 덕분에 나의 노력은 보상을 받을 수 있었다.

습관은 배신하지 않는 노력을 만드는 가장 필요한 장치다. 그리고 몸에 확실하게 각인된 습관이야말로 저절로 수준 높은 노력을 만들어내는 가장 확실한 방법이다.

 습관은 결국 나 자신을 이겨내는 힘이다. 내 안에 잘 자리 잡은 공부 습관은 절대 배신하지 않는 노력을 만드는 가장 필요한 장치이자, 저절로 수준 높은 노력을 만들어내는 가장 확실한 원동력이 된다.

어떤 불안도 이겨내는 힘,
페이스 조절

하고 싶은 일에는 방법이 보이고
하기 싫은 일에는 핑계가 보인다.

| 필리핀 격언 |

"상욱아, 당분간 집안 상황이 좀 힘들 거 같구나."

중학교 3학년 때의 일이다. 아버지가 내게 미안하다며 이런 말씀을 하셨다. 잘못 선 보증이 가정 경제를 나락으로 떨어뜨렸다. 엄마와 누나들의 웃음소리가 끊긴 집안에는 아버지의 깊은 한숨 소리만 가득 찼다. 아버지는 몇 달 사이에 나이를 몇 살씩 드시는 것 같았다. 지금도 그때의 무거운 집안 공기가 기억에 생생히 남아 있다.

그때 나는 고작 중3이었다. 기특하게도 마음을 다잡고 공부를 하려던 나는 문제집 한 권 사야 하는 것조차 부모님께 말씀드리기 죄송했다. 그래서 누나들이 쓰던 책이나 문제집을 물려받았는데, 하루는 작은 누나의 참고서와 문제집을 보고 깜짝 놀랐다. 어찌나 독하게 공부를 했는지 글자가 읽히지 않을 정도로 페이지마다 필기와 공부한 흔적이 빼곡했다. 도저히 안 되겠다 싶어서 누나에게 부탁을 했다.

"누나, 공부 좀 살살 하면 안 돼? 누나 책으로는 내가 공부를 할 수가 없어. 답도 안 써주면 좋겠어."

"아우 참, 어떻게 공부를 살살하냐? 예민하기는….."

모두가 힘들었던 때였기에 내색하진 못했지만, 학교가 끝나면 학원으로, 개인 과외로 바쁘게 공부하던 친구들을 보면서 불안함을 느꼈던 게 사실이다. 남들보다 뒤처지지 않을까 하는 불안이 학창 시절 내내 나를 괴롭혔다.

갖춰진 환경엔 탓할 일도 많다

한창 감수성이 예민한 시기에 부모님이 이혼한다거나 가정 형편이 갑자기 어려워지는 등 어린 나이에 어찌할 수 없는 힘든 상황에 처해본 이들이 많다. 당연히 공부에 몰입하기 힘든 상황이라 방황하며 학창 시절을 허비하기도 한다. 하지만 모든 것이 다 갖춰져 있고 공부할 수 있는 환경이 완벽하다고 해서 공부를 열심히 잘하는 건 아니다.

사실 일타 강사의 인강을 어디서든 들을 수 있고, 언제든 원하는 만큼 문제집이나 책을 살 수 있는 형편인 친구들이 공부를 다 잘하는 것은 아니지 않은가. 모든 것이 다 갖춰져 있다는 것이 오히려 더 장애가 되기도 한다. 언제든지 맘만 먹으면 공부할 수 있다는 생각에 나태해지는 것이다. 공부할 땐 오히려 공부할 수 있는 환경이 완벽하지 않을 때 눈앞에 있는 그것에만 몰입해 승부를 볼 수 있다.

몇 년 전 "30대 직장인 9급 공무원 시험 합격 후기"를 본 적이 있다. 그 합격 수기를 쓴 직장인은 아이 둘의 아버지였는데, 자신을 꾸준히 괴롭혀온 직장 상사에게서 벗어나고자 공무원 시험을 준비했다고 했다. 집에 가면 아이들을 돌봐야 했던 터라 공부할 시간이 영 나지 않던 그는 점심시간 1시간을 허투루 보내지 않았고, 남들보다 1시간 일찍 출근하고 1시간 늦게 퇴근해가며 공부할 시간을 만들었다. 자신에게 주어진 하루 3시간에 모든 열정을 불태운 것이다. 공무원 시험 카페에 올라오는 경쟁자들의 일일 공부 후기를 보며 공부량이 부족한 것 같아 매일 불안했지만, 그럼에도 주어진 3시간에 최선을 다해 결국 합격한 것이다.

결국 핵심은 잘 갖춰진 환경보단 '자기 페이스 조절'에 있다. 자신이 처한 상황에 구애받지 않고 자신만의 방식을 찾아 몰입하는 것, 자신의 몸에 밴 공부 습관을 잃지 않고 능동적으로 자신의 페이스 조절을 해낼 수 있는 것이 성공적인 공부를 만드는 바탕인 것이다.

'지금은 내가 공부할 상황이 아니야. 어릴 때도 못한 공부를 어떻게 지금 해. 난 머리가 나쁜 거 같아.'

시간 탓, 환경 탓, 내 탓…. 이렇게 원망하고 핑계 대며 시간을 허비하면 결과는 뻔하다. 내가 공부에만 집중할 수 있도록 모든 게 다 갖춰진 환경이라는 건 없다. 합격과 불합격을 가르는 요인은 딱 하나 주변 환경에 휘둘리지 않는 내 페이스를 찾아서 끝까지 가느냐 포기하느냐이다.

합격을 만드는 페이스 조절법

재수 생활을 할 때 나는 무척 답답했다. 기대만큼 성적이 나오지 않았기 때문이다. 그러던 어느 날 아버지로부터 편지 한 통을 받고는 그 자리에서 펑펑 울었다. 지금 다시 읽어도 뭉클하다.

"상욱아, 공부는 마라톤과 같단다. 처음부터 너무 전력 질주를 하다 보면 지치게 마련이야. 그리고 함께 출발한 사람들을 자꾸 신경 쓰면 원래 내 페이스를 잃어버려. 그동안 열심히 연습해온 패턴이 있으니 거기 맞춰야지. 남들이 이 구간에서 조금 더 빨리 뛰어나가니 나도 빨리 뛰어야겠다고 생각해서 페이스를 잃으면 그때부턴 점점 더 불안해지고 결승선은 더 멀게 느껴지는 거야. 네 페이스를 찾고 용기를 내렴."

그때 나는 아버지의 편지로 큰 용기를 얻었다. 모의고사 성적이 잘 나오지 않아도, 주변 친구들이 나보다 성적이 잘 나와도 기죽지 않으려 애썼다. 모든 사실을 객관적으로 받아들이고 냉철하게 대하기 시작했다. 지금 나에게 가장 부족한 게 무엇인지 무슨 실수를 했는지 빨리 파악하고 보완하는 데만 집중했다. 그렇게 함으로써 나 자신을 객관화하고 '나만의 공부 습관'을 찾아내 내 페이스대로 끝까지 잘 마무리할 수 있었다. 친구들이 나보다 진도가 빠르고 어려운 문제집을 푼다고 해서 불안해하거나 휘둘릴 필요가 없다. 최종 목표가 분명하다면, 나만의 계획에 맞게 흔들림 없이 나아가는 게 중요하다. 남들의 속도가 아니라 내 속도대로 가면 된다.

목표를 향해 나가는 과정에서 성적이 잘 나오지 않더라도 절대 기죽지 마라. 나보다 좋은 환경에서 공부하고 있는 사람들에게 집중하기보다 내가 낼 수 있는 최선의 속도로 끊임없이 앞으로 나아가고 있다는 사실에 집중해보길 바란다. 내가 오늘 공부한 것들, 외워서 머리에 차곡차곡 저장된 것들에 자부심을 느끼길 바란다.

'나는 가망이 없나 보다'라며 스스로를 탓하고 부끄러워하지도 말자. 중요한 것은 조금씩 나아지고 있다는 사실이다. 나의 재수 생활을 돌이켜보면 뻔뻔하리만치 누가 뭘 하든 귀담아 듣지 않았고 성적이 좋은 아이들과 나 자신을 비교하도 않았다. 아버지의 당부처럼 오로지 결승점만 생각하며 내 페이스에 집중했다. 이는 지금도 나를 지키는 힘의 원천이자 '언젠가 노력하면 뭐든지 할 수 있다는 자신감'이다.

 우리는 모두 각자의 페이스대로 뛰고 있다. 그리고 각자의 레이스에서 조금씩 천천히 반드시 앞으로 나아가고 있다. 내 페이스에 집중하는 것이 결국 나를 지키는 힘의 원천이다.

알파벳도 모르던
20대 은둔형 외톨이의 도전

✦

자신을 하찮은 사람으로 취급하지 마라.
그런 태도는 자신의 행동과 사고를 옭아맨다.

| 프리드리히 니체 |

유튜브를 시작한 지 얼마 되지 않았던 2019년 겨울, 나는 스물세 살의 진규라는 친구를 만났다. 진규는 내가 지금껏 2년 넘게 꾸준히 만나며 공부를 가르쳐주고 있는 친구다. 진규는 많은 가정사로 어렸을 때부터 마음과 삶에 상처가 가득했던 친구였다. ADHD와 틱 장애 진단을 받기도 했고, 틱 장애를 앓고 있다는 소문이 학교에 나면 오랜 기간 왕따에 시달리기도 했다. 가정 형편도 좋지 못한 상황

이라 역경이 많았는데 그런 것들을 잘 이겨내면서 공부하겠다는 모습이 참 대견했다. 그래서 더 적극적으로 응원해주고 도움을 주려고 애썼다. 무엇보다 진규는 4개월 동안 내가 조언한 것들을 정말 빠짐없이 다 해냈다. 공부가 아니면 자기 인생엔 아무런 희망이 없을 것 같다며 절박하리만치 매달렸다.

진규는 13년 넘게 소위 '은둔형 외톨이'로 지냈다. 중학교 때는 왕따를 당했고, 고등학교는 입학 날 딱 하루 학교에 나간 후 자퇴하고는 줄곧 집에만 있었다. 얼떨결에 검정고시 합격은 했지만 공부에 대한 기본기나 목표가 없었던 탓에 이후에도 집에서 게임만 하고 지냈다. 나를 만났을 무렵, 진규는 오랫동안의 외톨이 생활로 많이 지쳐 있었다.

"일이라도 해야겠다는 생각에 알바를 시작했어요. 대형 마트에서 일을 했는데 똑같은 일을 반복하다 보니 '내가 왜 이걸 하는 거지?'라는 생각이 들더라고요. 함께 일하는 사람들이 욕을 너무 많이 하고 거칠어서 분위기도 안 좋았어요. '어떻게 여길 벗어날 수 있을까?' 고민하기 시작했어요. 그러다 딱 떠오른 게 '공부'였어요."

하지만 학창 시절 제대로 공부라는 걸 해본 적이 없던 터라 무엇을 어떻게 시작해야 할지 너무 막막했을 것이다. 그러다가 일단 유튜브에서 답을 찾아보기로 하고 '공부' 관련한 유튜브 콘텐츠를 찾았다고 한다. 검색 결과 상단에 뜬 유튜브 채널 중 진규가 선택한 것은 나의 채널이었다.

"저희 집이 여러 가지로 힘든 상황이었어요. 가정 형편도 그렇고 부모님 건강도 안 좋으시고. 저도 별다른 계획 없이 하루하루를 보냈고요. 이런 현실이 너무 힘들었어요. 그런데 선생님 동영상 중에 '삶이 힘드신 분들 꼭 보세요'라는 영상이 있었어요. 그걸 보는 순간, 아, 이건 나를 위한 내용이다 싶었어요."

유치원생 영어를 하던 20대가
단어장을 씹어 먹기 시작했다

동영상 댓글에 이메일 주소를 적어놨었는데 진규는 그걸 보고 용기를 내서 연락을 해왔다. 그 인연으로 우리는 처음 만났다. 카페에서 만난 진규는 '인생을 바꿔보고 싶다'고 말했다. 간절함이 느껴졌다. 그러면서 영어 공부를 해보고 싶다는 말을 꺼냈다. 그때 진규는 알파벳도 겨우 아는 정도의 영어 실력이었는데, 심지어 because의 뜻도 몰랐다.

나조차도 공부의 기본기가 너무 없는 친구를 대상으로 멘토링을 할 수 있을까 고민이 되었다. 하지만 진규의 의지가 워낙 강했기에 일단 도전해보자 마음을 먹었다. 우선 초등학교와 중학교 단어장부터 시작했고 그걸 열 번 넘게 반복시켰다. 그 후 중학교와 고등학교 필수 단어장에서 토익 단어장까지 4개월 동안 공부하도록 했다.

그 과정에서 매일 단어 테스트를 했고, 나는 '1/4/7/14/30 공부법'을 단어 외우기에 접목시킬 수 있도록 도와주었다. 진규는 빠른 속도로 단어를 외워나가기 시작했다. ABCD만 알던 수준이었는데 한 달이 지나자 놀랄 정도로 많은 양의 단어를 외우게 되었다.

두 달째에는 단어 외우는 시간도 많이 단축됐다. 진규는 자신이 이렇게 어려운 단어들을 외울 수 있을 줄 몰랐다며 놀라워했다. 석 달째에 접어들었을 때 문법 공부를 시작했고, 문장의 구조를 파악하면서 해석도 어느 정도는 자연스럽게 하기 시작했다. 하루에 단어를 100개 외우기도 힘들었는데 점차 200개 정도 외울 정도로 자신이 붙었고 공부법을 스스로 체득해나가기 시작했다.

진규의 첫 토익 시험 점수는 300점이었다. 나의 예상보다는 낮은 점수였지만 진규는 성적에 관심이 없었다. 그런 모습에 오히려 내가 더 용기를 얻어서 다음 단계로 나갈 수 있었다. 결국 토익 점수 800점을 넘었다. 10개월 만의 쾌거였다. 이 점수는 대학생도 몇 개월 정도 집중적으로 공부를 해야 받을 수 있다. 나는 진규의 공부에 대한 진심 그리고 열정에 큰 감동을 받았고 그 어느 때보다 보람을 느꼈다.

진규가 스스로에게 놀라움을 느끼는 것만큼이나 나 역시 놀라웠다. 공부와는 담을 쌓고 있던 20대 청년이 나의 멘토링으로 금세 공부에 재미를 붙일 수 있다는 사실에 고마운 마음과 책임감이 들었다.

"제가 공부에 이렇게 재미를 느낄 줄은 정말 몰랐어요. 학창 시절엔 공부는 제 인생과는 하등 상관없다고 생각했는데…. 막상 해 보니까 저랑 너무 잘 맞아요. 다 선생님 덕분이에요. 공부법이 얼마나 중요한지 이젠 알겠어요. 저처럼 아예 베이스가 없는 사람들도 의지를 갖고 시작하면 누구나 공부를 할 수 있다는 걸 꼭 보여주고 싶어요."

공부를 통해 성취감을 느끼기 시작한 진규는 이제 의사가 되기 위해 수능을 준비하겠다고 한다. 꿈도, 노력해야 하는 이유도, 노력하는 법도 몰랐던 진규가 꿈을 꾸기 시작했고, 자신만의 공부 습관을 하나씩 채워나가기 시작했다. 아무리 오래 걸리더라도 꼭 훌륭한 의사가 되어보겠다는 진규가 앞으로도 지치지 않고 해낼 수 있도록 옆에서 꾸준히 도울 것이다.

'공부할 때의 나'는 또 다른 인격체다

'자기와의 대화'라는 게 있다. 나는 이게 삶을 송두리째 바꾸는 근원적인 힘이라고 생각한다. 고3 수험생과 재수 생활을 하던 중 정말 힘이 들 때마다 가슴에 손을 얹고 스스로에게 이렇게 말했다.

'상욱아, 잘하고 있어. 넌 할 수 있어. 오늘 시험은 망쳤지만 기죽지 마. 남들이 아무리 널 비웃어도 신경 쓰지 마. 결국 넌 해낼 거야!'

이렇게 말로 계속 내뱉으며 되뇌다 보면 정말 거짓말처럼 마음이 안정되고 새로운 힘이 생긴다. 나는 아침에 일어날 때 '물 한 잔 마시고 따뜻한 물로 샤워하고 오늘 하루 힘차게 시작하자' 이렇게 말한다. 기대와 다른 결과가 나와 실망스럽거나 계획한 대로 공부가 잘 되지 않을 때는 나를 위로하는 대화를 건네기도 한다. 말이 씨가 된다는 격언도 있잖은가. 이런 것들은 일종의 자기 암시와도 같아서 생각보다 힘이 세다.

'공부할 때의 나'는 또 다른 인격체다. 그 인격체를 잘 컨트롤하기 위해서는 자기와의 대화가 반드시 필요하다. 기존의 '나'가 아닌 공부라는 새로운 도전을 시작한 나를 대하는 태도는 분명 달라야 한다. 진규의 멘토링을 하면서 다시 한번 절감했다. 오랜 시간 아무런 목표 없이 무기력하게 지내던 진규는 공부를 해야겠다고 결심한 순간, 새로운 자아를 만났다. 그때의 나는 외로운 현실 속에서 방황하며 목표 없이 헤매던 내가 아니다.

공부를 통해 성취감을 느끼기 시작한 진규도 앞으로 더 많은 영광의 순간과 함께 자신만의 공부 습관을 만들어나갈 것이다. 나의 바람을 알고 있는 듯 진규는 이렇게 말했다.

"지금처럼 영어 공부하다가 공부에 더 자신감이 붙으면 다른 과목도 도전해볼 생각이에요. 앞으로의 목표는… 시간이 좀 많이 걸릴지라도 훌륭한 의사가 되는 거예요."

'공부하는 나'는 현실의 나를 이렇게 바꿀 수도 있다. 진규만이 해낸 특별한 기적이라고 생각할 필요 없다. 우리 누구라도 진규처럼 변화할 수 있다. 자신만의 목표를 갖고 제대로 된 공부법을 실천해나가며, 그것을 꾸준히 지속할 수만 있다면 말이다.

좋은 재료에는 잔기술이 필요하지 않다

원하는 목표에 오롯이 집중하는 태도와 꾸준히 공부하는 습관이 만들어내는 노력은 절대 배신하지 않는다. 맛있는 요리를 만들기 위해 가장 필요한 것이 '좋은 재료'이듯, 배신하지 않는 노력을 해내는 데 잔기술은 필요하지 않다. 힘들고 지칠 때 언제나 이겨낼 수 있도록 그 자체로 동기부여가 되는 '꿈'과 효과적인 노력을 꾸준하게 반복할 수 있게 하는 '습관'을 갖추고 있다면 당신의 노력은 절대 배신하지 않는다.

이 책을 손에 쥔 사람들은 아마 공부하고자 하는 뚜렷한 목표를 가지고 있을 것이다. 자격증 시험에 합격하고 싶다거나, 원하는 대학에 입학하고 싶다거나, 승진 시험에서 좋은 성과를 얻고 싶다거나, 오랫동안 준비해온 각종 시험을 합격하고 싶다는 목표 말이다. 원하는 목표를 향해 치열하게 달려왔지만 내 노력이 배신당했다고 생각한다면, 나와 함께 다시 도전해보자. 원하는 목표를 이룰 수 있도록 당신을 다잡아줄 공부 습관부터 다시 한번 시작해보자.

 원하는 목표에 오롯이 집중하는 태도와 꾸준히 공부하는 습관이 만들어내는 노력은 절대 배신하지 않는다.

—— 2장 ——

합격을 향한
똑똑한 노력은 따로 있다

반드시 성공하는 공부 습관

절대 배신하지 않는 공부의 기술

현명한 노력을 위해 버린
다섯 가지 자세

도쿄대생들이 한결같이 말하는
최고의 공부법은 '능동적인 책 읽기'다.
| 니시오카 잇세이 |

대입 재수를 거쳐 의전원 시험을 준비하면서 나의 공부법은 점점 더 기본에 충실해졌다. 나는 효율을 최대한 높이고 아웃풋이 가능하도록 잘못된 공부 습관을 바로잡는 데 집중했다. 이를테면 나를 포함해 많은 수험생들이 습관적으로 행하는 공부 루틴에서 모순점을 발견하는 일이었다.

우선 내가 버린 다섯 가지 자세는 아웃풋이 없는 '수동적인 공부'

와 연관이 있다. 내가 말하는 아웃풋이란 공부한 내용을 꺼내 쓴다는 의미다. 머릿속에 인풋(투입)하는 게 공부라면 끄집어내는 게 아웃풋(산출)이다. 누구나 다 아는 단순한 내용 같지만 이것만 잘 지켜도 공부의 결과는 확연히 달라진다. 배운 내용을 복습해서 나만의 아웃풋을 만들 수 없다면 그 어떤 노력도 무용지물이다.

불안 초조한 마음 : 자기 객관화의 힘

오랫동안 준비해온 시험을 앞두고 있다면 누구나 불안한 마음을 떨칠 수가 없다. 그런데 불안해하면 할수록 집중력과 공부 효율은 떨어지고 멍하게 지내는 시간이 많아진다. '이번에도 떨어지면 어떻게 하지? 다니던 회사를 계속 다녀야 하나? 아예 그만두고 제대로 공부했어야 했나?' 등 별의별 걱정과 후회에 사로잡히곤 한다. 게다가 시험은 두 번의 기회가 없지 않나. 1년간 각고의 노력으로 준비한 시험에서 합격하기 위해서는 단 하나라도 실수하지 않아야 한다는 긴장감에 사로잡힌다. 그래서 시험을 앞두고는 불안증이 심해져 심리 클리닉을 다니는 수험생도 많다.

나 역시 재수 생활을 하면서 불안증을 겪었다. 가만히 앉아 공부만 하는데도 발끝에서부터 불안이 천천히 스며드는 기분이었다. 불안증이 커질수록 내 집중력은 흐트러졌고, 더 이상은 안 되겠다 싶은 생각이 들 즈음, 자구책으로 나를 불안하게 하는 이유들을 노트에 적기 시작했다.

- 두 번째 의과대학 진학 도전에 실패할 경우 인생이 막막하다.
- 남들은 20대 초반에 해결하는 군입대 문제를 해결하지 못한 채 껴안고 있어서 불안하다.
- 의과대학에 진학한다면 대학을 졸업한 후에 군의관으로 군대 문제를 해결할 수 있다.
- 삼수를 하고 싶어도 집안의 경제적 지원을 받는 것은 불가능한 상태다.
- 삼수를 할 경우 아르바이트를 하면서 공부할 시간을 충분히 확보하기 어려울 것 같다.

그런데 어찌된 일인지 내가 왜 이런 불안한 마음을 갖게 되었는지, 이 마음이 어디서 비롯된 것인지를 하나하나 솔직하게 적다 보니 내게 불안함을 주는 것들은 생각만큼 다양하거나 복잡하지 않았다. 바로 '합격하면 해결되는 것들'뿐이었다. 이 정도는 나뿐 아니라 수험생이라면 누구나 겪는 시험 스트레스에 불과했다. 이렇게 내가 처한 환경과 처지를 객관화하고나니 어느 정도 불안중도 스스로 컨트롤이 가능해졌다. 자신의 상황을 객관화해서 한 발 물러서서 바라보면서 감정에 덜 치우치게 된 것이다.

불안한 마음으로 하는 공부는 진짜 공부가 아니다. 도저히 불안함을 떨쳐낼 수 없다면 나만의 불안 리스트를 써보거나 몇 시간 혹은 반나절 정도 푹 쉬었다가 재충전해서 시작하는 것이 좋다. 사실 불안함도 공부를 안 하기 때문에 올 때가 많다. 공부에만 집중하면 자기 자신이 긍정적인 자신감으로 채워지므로 너무 불안해하지 말고 지금 내 앞에 놓인 책을 씹어 먹어버리겠다는 각오로 매진해보자. 나는 공부를 열심히 한 날엔 밤하늘의 별을 보면서 '오늘 정말 열심히 했구나' 하며 스스로 칭찬도 많이 해주고 불안함을 다스렸다. 그러면 자신감도 생기고 뿌듯함이 지속되어 성적도 올랐다.

수동적인 태도 : 책에 지는 공부는 하지 말자

능동적인 공부는 아웃풋이 있다. 배우고 익힌 내용을 언제 어디서든 필요할 때 꺼내 쓸 수 있다는 말이다. 똑같이 주어진 기간 동안 공부를 하지만 그 결과가 다른 이유는 수동적인 공부를 하느냐, 능동적인 공부를 하느냐에 달렸다. 수동적인 공부는 말 그대로 자기주도가 안 되는 공부다. 성인이 수동적인 공부를 한다니 의아하겠지만 '내가 이것을 반드시 해내겠다'는 강한 동기부여가 없으면 해당 시험 과목에 대한 이해도 부족한 상태에서 나에게 맞는 공부법을 찾아나서지 않아 자연스레 수동적인 공부로 흐르게 된다. 반면 능동적인 공부는 스스로 동기부여를 하며 자신에게 잘 맞는 공부법을 찾아가는 것이다.

수동적인 태도로 공부하면 책의 장단점을 파악하지 않고 그저 반복해서 쭉 읽어내는 데 급급하기 마련이다. 당연히 책을 덮자마자 머릿속은 텅 비게 된다. 지금 보고 있는 책들이 모두 내가 원하는 목차로 잘 정리되어 있고 분류되어 있을까? 아닐 것이다. 그러면 무작정 목차 순서대로 읽기만 해서는 안 된다. 그 책만을 위한 노트를 만들어 나에게 필요한 순서대로 목차를 새로 짜고 분류도 하는 등 책을 장악할 계획을 세워놓고 공부해야 한다.

'책에 지는 공부를 하지 말자.'

나는 여러 시험을 준비하면서 남이 아닌 나에게 효과적인 공부를 해야겠다 결심한 후 이 원칙을 세웠다. 책과 겨뤄 이기려면 무조건 끌려갈 게 아니라 내 목적에 맞게 '나만의 목차'를 만들어 내용을 분류하고 요약 정리해서 필요한 부분은 완전히 내 것으로 만들어야 한다. 그게 능동적인 공부이고 결국 목표를 이루어줄 가장 좋은 방법이다.

의존적인 태도 : 덕분에 이해했다는 착각

공무원 시험부터 각종 전문직 시험까지 시험의 가짓수만큼이나 학원과 강의, 강사들도 넘쳐난다. 특히 '일타 강사'로 일컬어지는 이들은 자기 강의만 들어도 '3개월이면 합격을 보장'한다고 자신 있게 말한다. 물론 그 강사들의 수업을 듣고 합격한 이들도 많을 것이다. 하지만 그들이 떠먹여주는 것에만 의존해서는 안 된다. 중요한 것은 바로 나의 목표, 나의 의지, 나의 노력이다.

어떤 강의를 듣든지 분명한 목적을 갖고 들어야 도움을 얻을 수 있다. 또한 강의를 여러 번 들었다고 해서 그 내용을 모두 마스터했다고 볼 수는 없다. 일방적으로 듣는 강의는 대체로 수동적인 공부이기 때문이다.

유명 강사의 수업을 듣다 보면 그 순간에는 머릿속에 속속 잘 들어오니까 다 이해했다는 착각이 든다. 하지만 어떤 지식이든 저장된 것을 내가 필요할 때 꺼내 쓸 수 있어야 진짜 공부다. 아웃풋이 안 되는 공부는 시간만 잡아먹을 뿐이다. 인터넷 강의도 노트에 핵심 내용을 정리하고 이해가 안 되는 부분은 체크하는 습관을 길러서 반드시 복습을 해야 내 것이 된다.

노트 필기 : 받아쓰기를 그만둘 것

중고등학교 시절 나는 필기광이었다. 수업이 끝나거나 자율 학습 시간에 내 노트를 빌려달라는 친구들이 내 자리로 몰렸다. 그런데 시간이 지나고 나니 공부 좀 한다는 친구들은 내 노트가 아니라 다른 친구의 노트를 빌려갔다. 나는 선생님 말씀을 일목요연하게 잘 정리하는 게 아니라 들리는 소리를 받아 적는 데 급급했고, 각종 필기도구로 알록달록하게 꾸미는 데 집착했다. 필기한 내용을 제대로 활용하지도 못했으니, 어떻게 해야 공부에 도움이 되는 필기를 할 수 있는지에 대한 고민도 하지 않았던 것 같다.

필기도 아웃풋의 일종이다. 하지만 선생님의 말씀을 그대로 적는 것은 공부가 되는 필기가 아니라 받아쓰기에 불과하다. 그것에 집착하면 정작 수업의 흐름과 중요한 내용은 놓치게 된다. 전교 1등의 노트를 빌려다 봐도 좋은 점수를 못 받는 건 그 친구가 스스로 이해한 내용을 자신만의 방식과 목적에 맞게 필기를 해놓았기 때문이다. 결국 내 것이 아니라는 말이다.

외우고 또 외우는 암기 : 쉽게 증발되는 지식

어떤 시험이든 암기만 잘해도 합격할 가능성이 높다. 하지만 합격 필살기로 암기력을 꼽는 것은 그것이 '이해를 바탕으로' 한 암기이기 때문이다. 아무 생각 없이 달달 외우기만 하면 알코올이 공기 중으로 확 증발되듯이 조금만 지나도 사라지는 지식만 머리에 넣고 있는 것에 불과하다.

'암기 과목인데 이걸 어떻게 이해하면서 암기를 하지?'라고 의문을 가질 수도 있다. 하지만 한국사 시험 공부도 역사의 전반적인 흐름을 이해하고 세부 내용을 외워야 다시 꺼내 쓸 수 있는 살아 있는 공부가 된다. 스토리 차원으로 접근하지 않으면 절대 다 기억해낼 수 없다.

의대 공부도 마찬가지다. 엄청난 양의 지식을 암기해야 하는데 단순히 외우기만 해서는 의학적으로 제대로 된 소견을 낼 수가 없다. 특정 질환에 대해 그 원인을 파악하고 각각 어떤 연관이 있는지 이해해야만 전문의로서 제 역할을 할 수 있다.

무슨 공부든 배운 내용을 단기 기억에서 중기 기억으로 넘기려면 반드시 이해가 선행되어야 한다. 보통 해마에 저장되는 단기 기억은 선별 과정을 거쳐 장기 기억으로 보내진다. 이때 반복 학습이나 스토리텔링 등으로 내용을 각인시키면 기억을 오래 보존하는 데 훨씬 큰 도움이 된다. 능동적인 공부 태도가 중요한 이유도 여기에 있다.

공부할 때 가장 필요 없는 게 바로 '수동적인' 공부 자세다. 책만 곧이 곧대로 믿거나 일타 강사 강의에 의존하는 태도를 버리자. 스토리텔 링을 통한 이해를 바탕으로 능동적으로 공부해야 지금 내가 하는 공 부가 아웃풋이 된다.

합격을 부르는
다섯 가지 기본 자세

공부는 늦추어도 안 되고 성급하게 해서도 안 되고
평생 꾸준히 해나가야 한다.

| 율곡 이이 |

내 유튜브 채널의 구독자들 중에는 꽤 오랜 기간 수험 생활을 하고 있는 분들이 많다. 또 이제 막 공부를 시작하려는 분들도 동기부여를 받고 공부법도 체득하러 들르는지 관련된 문의 댓글이 꽤 있다. 그런데 상담을 하다 보면 공부를 오래 한 분들이나 이제 시작한 분들을 나눌 것 없이 한 가지 잘못된 점이 보일 때가 있다. 왜 공부를 해야 하는지, 무엇을 목표로 하는지를 물어보면 명확하게 답변하

지 않고 '잘 모르겠다'고 말을 흐리는 경우가 많은 것이다. 나는 이런 분들에게 내가 좋아하는 『논어』의 한 구절을 알려드리고 싶다.

"배우고 생각하지 않으면 곧 어두워지고, 생각만 하고 배우지 않으면 위태롭게 된다."

이 말은 배울 때는 그저 배우지만 말고 생각을 해야 하며, 생각이 필요할 때는 배움을 통해 비판적인 사고를 키우라는 의미다. 즉 '똑똑하게 공부하라'는 말이 아닐까. 삶이 위태로워지지 않으려면 공부를 해야 하고, 공부가 헛되지 않으려면 똑똑하게 해야 한다.

내가 의사의 꿈을 이루기 위해 겪었던 시행착오들은 '똑똑하게' 공부하기 위한 과정이었다. 그 결과 나만의 공부법인 일명 '쪼개기'와 '반복하기'를 보다 체계적으로 정리해 이제는 많은 이들과 공유할 수 있게 되었다. 목표를 잘게 쪼개어 더 구체적이고 명확하게 만드는 것은 물론이고, 그것을 이루기 위한 계획까지 잘게 쪼개고 반복하면서 복습하는 '1/4/7/14 공부법'은 어떤 시험에서든 통하는 공부법이라는 자신이 있다.

하지만 내가 공부할 때 능동적인 자세를 취하라고 강조했듯이, '1/4/7/14 공부법'만 따라하기보다는 이 공부법의 바탕을 이루는 기본 자세를 바로세우고 난 다음에 공부법을 장착한다면 효과가 배가 되리라 생각한다. 그래서 본격적인 공부법을 알아보기에 앞서 공부할 때 반드시 장착해야 할 다섯 가지 기본적인 태도부터 짚고 넘어가고자 한다.

장기, 중기, 단기 계획표를 세우고 공부하자

공부를 시작할 때 계획이 없다면 그 공부는 실패할 확률이 높다. 오늘은 무엇을 해야 하는지, 내가 무엇을 위해 공부하고 있는지 잊어버리기 쉽기 때문이다. 사람의 마음과 뇌는 자신에게만큼은 연약하고 부드럽다. 따라서 결심을 계획에 옮겨놓지 않으면 쉽게 잊고 포기하게 된다.

그렇다고 계획을 처음부터 너무 거창하게 잡으면 중도에 포기할 가능성이 크다. 설령 최종 목표치를 높게 잡더라도 그것을 실현하기 위한 계획들은 최대한 잘게 쪼개고 무리하게 잡지 않는 게 좋다. 그래서 나는 언제나 계획을 소박하게 짠다. 대개 할 수 있는 양의 70~80퍼센트 정도만 계획하고, 매일 아침에 일어나서 가장 먼저 계획표를 점검한다. 하루를 시간대별로 어떤 식으로 보낼지 계획을 세우고, 그 전날 공부했던 내용을 복습하면서 리마인드하는 시간을 갖는다.

무엇보다 계획을 짤 때는 장기 목표를 정하고 그것을 이루기 위한 중기, 단기 계획을 수립해야 한다. 즉 최종 목표 아래 작은 목표와 그것의 실행 계획들을 촘촘히 세워서 실천하면 성취감도 얻을 수 있어 중도에 쉽사리 포기하지 않는다. 계획표를 짜는 방법은 뒷부분에서 자세히 다룰 예정이다.

복습의 패턴을 만들자 : 1/4/7/14 공부법

이 공부법은 언뜻 복잡하고 지키기 어려울 것처럼 보이지만 공부한 것을 가장 오래 기억하기 위한 복습법이다. 이 공부법의 특징을 한마디로 말하자면 '목표와 계획을 쪼개고 공부한 내용을 반복하는 학습법'이라 할 수 있다. 이 공부법으로 14일만 반복 학습한다면 매일 새로운 진도를 나가더라도 복습을 통해 장기 기억으로 저장하는 시스템에 금방 익숙해질 수 있다.

방법은 쉽다. 우선 '1/4/7/14'는 공부를 시작한 일차를 말한다. 공부 1일차, 4일차, 7일차, 14일차인 것이다. 이 네 일차에서 3, 6, 13 중 마이너스가 되지 않는 한에서 뺄 수 있는 숫자를 빼보자. 공부 첫날인 1일차(Day 1)에 진도를 나가갈 것이다. 그리고 2일차(Day 2)에는 전날 내용을 복습하고 새로운 진도를 나간다. 다음 3일차(Day 3)에도 전날 배운 내용을 복습하고 진도를 나간다. 그리고 4일차(Day 4)가

되면 드디어 3을 뺄 수 있게 된다. 그러면 4일차에도 역시 전날 배운 걸 복습하고 진도를 나가되, 3을 뺄 수 있으니 '4-1=1'이 되니 1일차의 공부 내용을 복습하는 것이다.

5일차(Day 5)가 되면 어떻게 될까? 마찬가지로 전날 배운 걸 복습하고 새 진도를 나가되, 3을 뺄 수 있으니 '5-3=2'가 되어 2일차에 배운 내용을 복습한다. 이렇게 해서 1주일이 지나 7일차가 되면 아주 조금 복잡해진다. 역시 전날 배운 걸 복습하고 새 진도를 뺀 후, '7-3=4'와 '7-6=1'이 가능하니 4일차와 1일차 배운 분량을 복습하는 것이다.

이런 식으로 복습을 통해 아웃풋을 만들어나가는 시스템이 바로 '1/4/7/14 공부법'이다. 한번 들었다고 알아차리긴 어려울 것이다. 이 또한 뒷부분에서 자세히 다룰 예정이니 이쯤에서 넘어가기로 한다. 내가 여기서 강조하고 싶은 것은 바로 '복습의 패턴'을 만드는 것이 공부의 기본 자세라는 것이니까.

숨어 있는 자투리 시간을 정복하라

보통 자투리 시간을 정복하라고 말하면 많은 사람들이 "바빠 죽겠는데 자투리 시간이 어딨어?"라고 생각할 것이다. 하지만 나도 모르게 그냥 흘러가는 시간들을 모아보면 누구에게나 많게는 하루에 3~4시간 정도의 자투리 시간이 있다.

당신이 오늘 보낸 점심시간을 돌이켜보자. 밥 먹고 커피를 한 잔 사서 산책을 하다가 자리에 앉으니 어느새 점심시간이 끝나지 않던 가? 사실 여기에도 자투리 시간은 숨어 있다. 바로 커피를 사서 수다를 떨며 산책하던 그 시간 말이다. 점심시간만 해도 이런 식으로 30분 정도의 자투리 시간을 활용할 수 있는데, 나는 이때 독서를 하면서 집중력을 기르는 훈련을 한다. 책을 읽으며 전체적인 흐름을 파악하고 내용을 요약해보려는 노력을 계속하다 보면 자연스럽게 집중력이 높아진다.

이렇게 자투리 시간을 금싸라기 시간으로 바꾸려면 이를 효율적으로 활용할 구체적인 계획을 세워야 한다. '단 10분이라도 스트레스 푸는 데 써보자!'라고 생각하고 쓴다면, 10분은 꽤 편안한 휴식 시간이 된다. 공부하는 시간과 꼭 써야만 하는 절대 시간 외에 짬짬이 생기는 시간이 얼마나 되는지부터 확인해보자. 공부하는 사람에게 그 시간은 그냥 버려도 되는 것이 아니라 재활용해야 하는 금쪽같은 시간이기 때문이다.

공부의 질을 높이는 환경을 갖춰라

공부는 양이 아니라 질이다. 질 높은 공부를 위해서는 계획표를 제대로 세우는 것만큼이나 집중할 수 있는 환경을 만드는 것이 중요하다. 휴대폰은 책상 위에서 치우거나 무음으로 바꿔놓고, 음악을 들으며 공부하는 습관도 버리자. 휴대폰으로 계속 톡이나 문자가 오면 집중을 할 수가 없다. 나는 공부하기로 마음먹은 일정 시간 동안은 휴대폰을 꺼놓거나 보이지 않는 곳에 둔다. 그래야 마음 놓고 오로지 공부에만 집중할 수 있기 때문이다.

나는 공부할 때 음악이나 ASMR을 듣는 것도 도움이 안 된다고 생각하는 편이다. 좌뇌를 사용하는 수학이나 과학 공부를 할 때는 도움이 될 수도 있지만, 언어영역 공부는 긴 호흡으로 글의 흐름을 이해하고 추론해야 하므로 가급적이면 ASMR도 자제하는 것이 좋다. 공부에 방해되는 요소가 많다 보니 공부에 몰입할 상황을 억지로라도 만들기 위해 공부 ASMR을 활용하는 사람들이 많은데 무엇이든 지나친 의존은 경계해야 한다. 가능하면 전자기기는 멀리하면서 스스로 몰입할 수 있는 환경을 만들자.

공부 자존감을 높이자

공부는 혼자만의 외로운 싸움이다. 그래서 어떤 상황에 처해도 버틸 수 있는 공부 자존감을 길러야 한다. 이 자존감을 높이는 방법에는 여러 가지가 있다. 그중 하나는 주변 사람들의 격려와 칭찬이다. 모의고사 성적이 조금만 올라도 어깨가 으쓱하고, 늦은 밤 집에 들어가 "고생했다"는 가족의 격려 한마디에도 숨통이 트이는 게 수험 생활이다. 하지만 공부 기간이 조금이라도 길어지면 주변 시선은 금세 냉랭해지는 것을 알고 있지 않은가. 다정한 가족이나 지인이 아무 말 안 해도 이상하게 눈치를 보게 된다.

결국 스스로 자존감을 높이는 훈련을 해야 한다. 의외로 아주 사소한 것으로도 자존감을 높일 수 있다. 다만 꾸준한 노력이 필요하다. 예를 들어 새벽에 일찍 일어나서 하루의 계획표를 작성하고 자투리 시간을 알차게 보내는 등 나와의 작은 약속을 지켰다고 해보자. 이런 일이 반복되어 습관으로 자리 잡으면 어느새 자신에 대한 믿음이 생겨나고 자존감은 쑥 올라간다. 공부할 때는 이런 작은 습관들이 큰 버팀목이 되고 많은 것을 바꾼다. 이렇게 하루의 시간을 알차게 쓰는 행위를 반복하다 보면 휴대폰을 멍하니 들여다보며 시간을 죽이는 일도 줄어든다. 그런 쓸데없이 흘려보내는 시간이 줄어들수록 자존감은 높아진다.

주변 사람들의 칭찬과 인정이 자존감을 높여주는 건 일시적이다. 자신과의 약속을 지키고 나를 믿고 한번 따라가 보자. 그때 얻는 성취감은 그 무엇보다 강력한 동기부여가 되고 자존감을 높여줄 것이다. 공부 자존감은 뒤이어 4장에서 더 자세히 살펴볼 것이다.

Tip 제대로 된 공부법으로 공부 습관을 만들기 위해서는 무엇보다 공부하는 기본 자세가 중요하다. 하루 계획을 세우고, 자투리 시간으로 공부 시간을 확보하고, 공부의 질을 올리는 환경을 만들자. 기본 자세가 갖춰졌다면, 쪼개고 반복하는 공부법이 날개를 달아줄 것이다.

작심삼일을 이기는
지속 가능한 공부 습관

✦

습관은 나무껍질에 새겨놓은 문자 같아서
그 나무가 자라남에 따라 함께 커진다.

| 새뮤얼 스마일스 |

　사실 나보다 작심삼일을 많이 해본 사람도 없을 것이다. 한때는
"제 취미는 작심삼일입니다"라는 우스갯소리를 할 정도였으니까.
그런데 작심삼일도 하도 반복하다 보니 어느새 실패 원인을 파악해
극복하는 노하우까지 겸비하게 되었다. 나의 계획이 삼일천하에 그
치고 마는 이유는 대략 '피로감, 귀찮음, 불안감' 이 세 가지 때문이
었다. 그런데 이것들은 서로 굉장한 시너지를 내기 때문에 애초에

어울려 지내게 하면 안 된다.

계획 실행 첫날은 동기부여가 확실히 된 상태로 열심히 공부하고 더없는 뿌듯함을 느낀다. 그런데 첫날부터 너무 많은 에너지를 쏟은 나머지 육체적으로 '피곤해' 당장 다음 날부터 일찍 일어나기가 힘들다. 게다가 이렇게 매일 공부해야만 한다는 현실에 질려 조금씩 미루기 시작한다. 그렇게 하루하루 해야 할 공부를 미루다 보면 어느새 '귀차니즘'이라는 고질병이 찾아오는데, 또 그렇게 무작정 미루고 외면할 수는 없으니 마음 한구석에는 슬슬 '불안감'이 밀려든다. 이것이 많은 사람들이 반복하고 있는 작심삼일의 모습이 아닐까?

피로감은 작심삼일의 가장 큰 적이다

무슨 계획이든 시작한 첫날에는 에너지가 넘쳐서 열심히 하게 된다. 그러다 보면 첫날 모든 에너지를 다 쏟아버려 불과 하루 지난 다음 날부터 아침에 일찍 일어나기도 힘들고 아무것도 하기 싫어진다. 그래서 어떤 일을 하든지 간에 그날의 피로는 바로 푸는 게 중요하다.

피로를 그날그날 풀려면 먼저 잠을 충분히 자야 한다. 적어도 하루에 6시간에서 7시간 정도는 숙면해야 다음 날 기상할 때 몸이 가볍다. 잠들려 누운 침대에서 휴대폰을 만지작거리지 말자. 썸네일에 이끌려 아무 영상이나 플레이 버튼을 눌러선 더더욱 안 된다. 휴대폰을 손에 들면 한두 시간은 순식간에 지나가고 그 후에 잠들기까지 또 오랜 시간이 필요하다.

충분한 수면만큼이나 피로를 푸는 데 중요한 게 운동이다. 공부할 시간도 빠듯한데 운동할 시간이 어디 있냐고 할 테지만, 내가 앞서 말한 자투리 시간만 잘 활용하면 부담 없이 운동할 수 있다. 하루 30분이라도 스트레칭이나 계단 걷기 등 가벼운 유산소 운동을 꾸준히 하면 숙면에 큰 도움이 된다. 명상도 좋은 방법이다. 그마저도 싫으면 낮잠을 30분 정도만 자도 피로가 풀린다. 피곤하면 아침잠을 이겨낼 수 없고, 아침에 일찍 일어나지 않으면 이번에도 작심삼일로 끝난다.

시작, 작심삼일의 패턴을 이기는 법

'시작이 반이다'라는 말은 진리다. 목표는 있지만 구체적으로 어떻게 실행해야 할지 막막하다면 다이어리에 당장 오늘 해야 할 일부터 적어보자. 큰 목표를 이루기 위한 작은 목표와 그것의 실행 계획을 잘게 쪼개서 세우면 실행도 쉽고 마음도 편해진다. 무엇보다 절대 포기하지 않게 된다.

하기 싫은 공부, 힘든 일일수록 계획을 지키기 위해서는 워밍업 차원에서 작은 목표와 실행 계획을 세울 필요가 있다. 오늘 하루 어느 정도 시간을 써서 계획을 달성할지, 어느 부분이 특히 힘들지 미리 시뮬레이션하다 보면 귀차니즘이 서서히 뒷걸음치게 된다. 진짜, 시작이 반이다. 작심삼일의 패턴을 딱 한 번만이라도 끊어보자.

일단 공부를 시작한 후 처음 2주 동안은 귀찮음과 매일 싸워야 한다. 이후 3주차부터 6주차까지는 눈에 띄는 변화가 없는 자신을 경계해야 한다. 매일 꾸준히 하고 있는데 실력이 늘지 않는다는 의구심에서 탈출해야 한다. 그리고 두 달이 지나 6개월에 이르면 스스로 느낄 정도로 달라진 나를 만나 있게 된다.

지금, 혹은 오늘 해야만 하는 공부를 내일로 미루는 건 귀차니즘이 발동했다는 증거다. '오늘은 못 하겠어'에서 시작된 미루기는 결국 작심삼일의 무한 반복으로 가는 지름길이다. 나도 마찬가지였다. 그래서 하기 싫은 마음, 미뤄야 하는 이유가 조금이라도 생길 것 같으면 일단 책을 폈다. 요즘 나는 미드 '섀도잉'을 하며 영어 공부를 하고 있는데, 알다시피 섀도잉(shadowing)이란 외국어의 듣기와 말하기 실력을 향상시키기 위해 외국어를 듣는 동시에 따라 말하는 공부법을 말한다. 아침에 눈을 뜰 때면 '오늘만 아침잠 좀 자자' 싶은 마음부터 든다. 하지만 이럴 때 일단 침대에서 나와 드라마 영상을 얼른 튼다. 그러면 잠이 덜 깬 채로도 영상을 흘긋 쳐다보게 되고 한두 문장 따라하다 결국엔 자리를 잡고 주인공의 대사를 그림자처럼 따라 말하고 있다.

그러니 시작하기 주저하고 있다면 '일단'을 떠올려라. 일단, 할 수 있는 작은 것을 하라. 일단, 책을 펴라. 일단, 노트북 전원 버튼을 눌러라. 일단, 세수를 해라. 그러면 시작한 것이니.

6개월의 법칙, 불안함을 이기는 법

목표를 정하고 잘 실행하다가도 '내가 올바른 방법으로 제대로 하고 있는 건가' 하는 불안감이 든다. 불안감은 이처럼 불현듯 찾아온다. 이 불안은 공든 탑을 무너뜨리는 것뿐 아니라, 공부에 기울이는 노력마저 방해한다. 불안해지면 우선 계획이나 목표를 회피하고 싶어진다. 생각만 해도 불안해지기 때문이다. 생각하기 싫으니 게임이나 TV 드라마 등 아무 생각 없이 시간을 흘려보낼 대상을 찾고 그렇게 하루를 보내고 나면 불안감은 더 커진다. 그리고 결과물이 금방 나타나지 않는 장기 목표를 향해 달릴 때 불안함은 더 심해진다. 불안은 수험생들의 멘탈을 흔들고 집중을 방해한다.

불안과 싸워온 내 경험에 비추어보자면, 불안을 잠재울 수 있는 유일한 방법은 '6개월의 끈기'다. 무슨 목표든 6개월 동안 꾸준히 목표만 향해 매진하는 것이다. 처음 마음먹고 작심삼일을 이겨냈다면 1주, 1개월, 3개월, 6개월까지만 끌고 가보자. 시작했을 때에는 패기 넘치고 주변의 시선에 눈치 볼 일도 별로 없기 때문에 불안감이 덜할 수 있다. 이때가 기회다.

6개월이 길다고 하는 사람이 있다면 (미안한 말이지만 시험에 합격하지 못한) 6년 후 불안의 크기와 6개월 후 불안의 크기를 비교해보면 어떤가. 무시무시할 정도로 차이가 날 것 같다고 답해야 정상이다. 그러니 공부하기로 마음먹은 첫 6개월은 어마어마한 기회의 시간인 것이다.

만일 6개월이 훌쩍 지난 사람이라면? 나 역시 공부 기간이 길어질수록 시험에 대한 불안감이 엄습해올 때가 많았다. 시험에 합격할지 불합격할지, 혹은 성적이 오르지 않으면 어쩌지 하는 걱정이 많았다. 그럴 때는 미래를 떠올리는 것이 별로 도움이 되지 않는다. 가까운 미래도, 1개월 후도, 내일도 생각하지 말고, '오늘'과 '지금 당장'의 계획 달성에 집중하라고 나는 말해주고 싶다.

나는 불안할 때일수록 멀리 내다보지 않고 '지금 이 책을 계획대로 세 번을 보느냐 못 보느냐'에만 신경을 곤두세웠다. '1/4/7/14 공부법'을 적용해서 적어도 세 번 정도 봤다면, 이상하게 기분이 좋아지고 불안이 잠잠해졌다. 당당하고 떳떳한 기분이 들었고 시험 결과에 상관없이 최선을 다했다고 스스로 격려해줄 수 있다는 믿음이 생겼다.

시험을 앞두고 불안감이 들수록 당장 오늘의 계획 실행에 집중해보자. 당신의 불안을 잠재울 수 있는 것은 오늘의 당신뿐이다.

 '피로감-귀찮음-불안함'으로 이어지는 작심삼일의 악순환을 끊기 위해서는 6개월의 법칙을 기억하자. 6개월 동안 자신과의 약속을 지킨 사람은 불안에 잠식당하지 않는다.

쪼개기,
반드시 합격하는 계획의 기술

조급한 마음으로 치밀한 계획도 없이
먼저 벽돌부터 쌓는다면 실패할 수밖에 없다.

| 발타사르 그라시안 |

모든 일에는 계획이 우선이다. 계획을 세울 때는 장기 목표를 기준으로 지금 나의 수준을 객관적으로 판단하는 '진단' 단계가 필수다. 그래야 장기 목표와 중기 목표에 맞는 '세부 계획'을 짤 수 있다. 세부 계획을 세울 때도 자신의 기초 역량을 먼저 파악해야 한다. 내가 집중할 수 있는 지속 가능한 시간이 얼마인지, 30분이나 1시간 동안 과목별로 공부할 수 있는 분량이 어느 정도인지 체크한 뒤에

세부 계획 세우기에 들어가야 한다.

이처럼 장기—중기—단기 단계로 계획을 쪼개고 세부 계획을 세울 때는 '세 가지 준비 운동'이 필수다. 첫째, 나의 공부 능력을 먼저 파악 하는 것. 둘째, 날마다 실현 가능한 목표를 설정하는 것. 여기까지는 누구나 계획을 세울 때 고려하는 것들이라고 생각한다. 하지만 계획을 세우는 데 가장 중요한 것은 바로 셋째, 반성의 시간을 갖는 것이다.

이 세 가지는 세부 계획 설정에서 가장 중요한 요소다. 우선 1주일 동안 계획표대로 실행했다면 이미 30퍼센트는 성공했다고 스스로를 대견해해도 좋다. 이 계획은 실천한 지 2주, 4주가 지나 8주가 되는 순간 공부는 습관이 되고, 인생을 대하는 태도 변화로까지 이어질 수 있다. 요지는 '할 수 있는' 계획을 세우는 게 관건이란 소리다.

쪼개기의 기술 ①
소박한 계획 : 할 수 있는 만큼만

공부하는 사람이 시험 성적이나 결과 말고 현재 상태를 알 수 있는 것에는 무엇이 있을까. 나는 공부할 때 가장 중요한 지표, 그러니까 기준을 알려주는 표지판이 바로 '계획표'라고 생각한다. 계획표는 현재 나의 상태를 확인하게 해준다. 오늘 계획한 일을 잘했다면 내일 계획으로 넘어가면 되니 하루만치 온 거다. 오전에 계획한 일을 하지 않았다면, 다시 오전을 살아야 하는 상태다. 이보다 확실한 지표가 또 어디 있겠는가.

고속도로를 타고 서울에 간다고 치자. '서울'을 가리키는 표지판만 따라가면 서울에 도착하는 건 당연지사다. 그러니 공부하는 사람에게 지표가 계획표라면, 계획표만 제대로 지키면 못 이룰 꿈이 없다. 별로 새로운 얘기도 아니다. 그런데 주변을 둘러보면 어떤가. 계획표대로 실천하는 이들은 손에 꼽힌다. 계획표가 지표임을 알면서도 왜 우리는 계획표대로 살지 않는 것일까?

그 이유는 너무 무리한 계획을 세우기 때문이다. 목표가 아무리 원대해도 접근은 '최소한의 계획'으로 차근차근 해나가야 한다. 너무 방대한 공부량이나 자신의 수준과 맞지 않는 과도한 욕심을 바탕으로 계획을 짜면 실패를 자초하는 격이다.

사실 계획을 잘 짜는 것도 공부를 잘하는 사람이 유리하다. 꾸준히 공부해왔기 때문에 자신의 역량을 잘 알고 있어서 계획도 실현 가능한 만큼 짜기 때문이다.

계획표를 짤 때는 하루에 100페이지 분량의 공부를 소화할 수 있어도 70~80페이지 정도로 잡아야 한다. 과도하게 계획을 세워 달성하지 못하면 조금씩 누적되어 정신적 피로도가 높아지고 '나는 왜 이렇게 의지가 약할까' 하며 자신감마저 떨어지기 때문이다.

그래서 자신이 감당할 수 있는 것보다 적은 양으로 계획을 세우는 것이 중요하다. 그러면 계획한 것들을 무리 없이 소화해낼 수 있고, 작은 성취를 통해 자신감과 자존감까지 끌어올릴 수 있다. 그 과정에서 스스로 더 성장하고 있다는 뿌듯함까지 느껴야 지치지 않고 공부해나갈 수 있다.

쪼개기의 기술 ②
거꾸로 쪼개는 계획의 묘미

당신의 계획이 실패하는 또 다른 이유는 '목표가 눈에 보이지 않기' 때문이다. 우리는 대개 계획을 세울 때 이루고픈 목표를 하나 설정해두고, 이를 위해 해야 할 것들을 정리하는 방식으로 계획을 세우곤 한다. 하지만 그 목표가 너무 커 당장 해야 하는 것이 무엇인지 파악하기 어렵다면 어떨까?

일례로 'SKY 대학 입학'이 목표인 한 친구가 계획을 짜고 있다고 가정해보자. 그 목표를 위해 그 친구는 오늘 당장 무엇을 공부해야 할까? '역대 수능 기출 문제도 살펴봐야 할 거 같은데, 또 수능에 나온다는 EBS 수능 특강 문제집을 봐얄 할 것도 같고, 아니 교과서부터 한 번 읽어보고 시작해야 하나….' 그렇게 해야 할 것을 찾다보면 체계 없는 공부를 하게 될 가능성이 매우 높다. 결국 무엇을 먼저 해야 하는지 우선순위를 고르는 데 몇 날 며칠을 보낼지 모르고, 그 우선순위조차 정답인지 몰라 불안해할 것이며, 숨 막힐 듯 많은 수험서와 문제집을 한꺼번에 쌓아놓고 지레 겁부터 먹을 것이 뻔하다.

따라서 계획표를 세울 땐, 먼저 나의 최종 목표를 거꾸로 쪼개는 작업부터 시작해야 한다. 예를 들어 나는 계획표를 세울 때 1년 뒤의 목표를 먼저 설정한 뒤, 6개월 → 1개월 → 1일 계획을 역순으로 세워나갔다.

고3 시절 나의 1년 계획은 '의대 입학'이었다. 1년 계획만큼은 목표를 조금 높게 잡아도 된다. 최종 목표이기 때문이다. 그다음 6개월 계획은 '상반기와 하반기별 집중 과목 정하기'로 세우고, 1개월 간격으로 어떤 과목을, 어떤 문제집으로, 어떻게 공부할지 구체적인 계획을 세웠다. 내가 희망하는 학과가 요구하는 과목의 가중치가 있는지, 그에 따라 어떤 과목을 특히 더 열심히 해야 하는지 등을 파악해서 정했다. 예를 들면 이런 식이다.

나의 경우 '상반기 목표' 수학 5회독, 과학 5회독, 영어 단어 3,000개 암기, 책 10권 읽기였다. 하반기에는 수학 10회독, 과학 10회독, 영어 단어 5,000개 암기, 신문 사설 요약이었다. 그다음, 상반기에 수학을 5회독하려면 어떻게 해야 할지 1/4/7/14 공부법을 통해 구

1년 목표
의과대학 입학

상반기 목표

1. 수학 5회독
2. 과학 5회독
3. 영단어 3,000개 암기
4. 책 10권 읽기

하반기 목표

1. 수학 10회독
2. 과학 10회독
3. 영단어 5,000개 암기
4. 신문 사설 요약

↓

1개월 단위로 쪼개기

↓

1/4/7/14 공부법으로 1일 단위로 쪼개기

▲ 계획 쪼개기 예시

체적으로 계획을 수립했다.

이렇게 한 달치 공부 분량이 나오면 하루치 계획도 쉽게 나온다. 다른 과목들도 마찬가지다. 이때 가장 중요한 것은 '본인을 과소평가하는 것'이다. 처음에는 무조건 계획을 적게 잡아야 나중에 공부할 분량이 쌓여 지치는 일이 생기지 않는다. 자동차 엔진도 예열이 필요하듯이 우리의 몸과 마음가짐도 예열이 필요하다.

하루치 분량을 정한 후 계획대로 공부하다가 시간이 많이 남는다면 계획표보다 조금 더 진도를 나갈 수 있다. 이때는 당연히 뿌듯함을 느낀다. 나는 매일 아침 일어나자마자 계획표를 작성하고 전날 배운 걸 복습한 뒤, 그날 학습할 내용을 10퍼센트 정도 미리 봐둔다. 나중에 공부할 분량이 줄어들어 부담감이 적어지고 당일 계획했던 진도를 조금 더 빨리 빼면 저녁에는 가벼운 운동이나 여가 활동도 할 수 있다.

또 싫은 일일수록 먼저 해치우려고 노력했다. 오전에 하기 싫은 일은 오후에도 하기 싫고, 오늘 하기 싫은 일은 내일도 하기 싫다. 그래서 가능한 일찍 일어나 하기 싫은 공부를 오후로 미루지 않기 위해 미리 일정 부분 해두었다. 지금도 이 습관을 유지하고 있다.

예를 들어 2019년도 나의 1년 목표는 '영어권 나라에서 막힘없이 의사소통하기'였다. 이 목표를 위해 상반기 계획과 하반기 계획을 나눈 후에 1개월 계획으로, 다시 1일 계획을 세워나갔다. 꼭 시

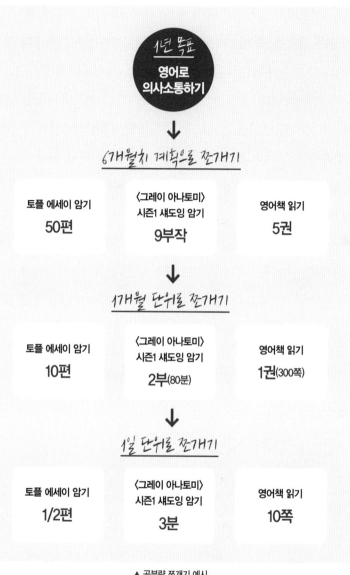

▲ 공부량 쪼개기 예시

험을 보는 것이 목적이 아니기 때문에 지치지 않고 즐겁게 할 수 있는 공부 계획을 세우는 데 집중했다. 물론 자투리 시간을 활용해서 미국의사면허시험 USMLE step 1 준비를 병행하면서 말이다. 앞 장의 '공부량 쪼개기 예시'는 이때의 계획표를 일목요연하게 정리해놓은 것이다. 1년을 목표로 두고 목표한 공부량을 6개월 단위로, 1개월 단위로, 그리고 1일 단위로까지 쪼갠 것을 볼 수 있다. 이렇게 목표한 바를 쪼개다보면 오늘 내가 해야 하는 일은 크게 어렵지 않게 느껴진다.

이처럼 목표에 도달하기 위해 가장 필요한 게 무엇인지 정했다면 6개월→1개월→1일 순으로 내가 어떤 공부를 어느 만큼 해야 하는지 자세히 계획을 세우자. 세세하게 세우되 지나친 욕심 없이 실천하다 보면 대략적인 돌파구가 보인다.

쪼개기의 기술 ③
한 장 요약 : 계획 실천의 팁

1주일 계획표는 A4 한 장이면 충분하다. 빠른 이해를 위해 옆의 그림 속 A4 계획표를 참고해주길 바란다. A4 용지를 세로로 3등분으로 나누고, 가로로 7등분하면 스물한 칸이 나온다. 나는 이 스물

요일	시간 계획		TO DO LIST	반성
월요일	아침	30분	에세이 #51	없음, 성공적 GOOD JOB!
	점심	30분	토익 R/C p.38~45	
	저녁	1시간	토익 R/C p.46~62	
화요일	아침	30분	월요일 복습	점심시간에 좋았음. 독서량 적음.
	점심	30분	에세이 #52	
	저녁	1시간 30분	토익 R/C p.63~79	
수요일	아침	30분	화요일 복습	오후 미팅으로 공부 진도가 더뎌졌음. 주말에 추가해야 함.
	점심	30분	독서	
	저녁	1시간 30분	토익 R/C p.80~95	
목요일	아침	30분	수요일 복습	어제 못 한 토익 R/C 진도를 따라잡음.
	점심	30분	에세이 #53	
	저녁	1시간 30분	토익 R/C p.96~111	
금요일	아침	30분	목요일 복습	불금 유혹을 이기고 일찍 귀가해 공부함.
	점심	30분	에세이 #54	
	저녁	1시간 30분	토익 R/C p.112~127	
토요일	아침	1시간	월~금요일 복습	아침 복습이 어려웠음. 다음주에는 복습 시간을 늘려야 함.
	아침	1시간	에세이 #55	
	저녁	2시간	토익 R/C p.128~149	
일요일	아침	1시간	월~토요일 복습	저녁 집중력이 좋았음. 좋은 한 주였다!
	아침	1시간	에세이 #56	
	저녁	2시간	월~일요일 전체 복습	
총	**20시간**			

한 칸으로 주 단위 계획을 세운다. 먼저 1개월 계획이 나온 뒤 1주일 계획을 세우고 실행해보는 것이 우선이다. 만약 1주일 계획이 제법 성공적으로 안착한다면 그 뒤에 3주치 계획을 더 잡는다. 아무리 자세히 짠 계획이라도 1주일은 해봐야 실행이 가능한지 판단할 수 있고, 그 후에야 더 구체적인 계획을 믿음직하게 짤 수 있기 때문이다.

A4 계획서 맨 왼쪽 부분에는 요일별로 내가 할당할 수 있는 공부 시간을 적는 '시간표 공간'이다. 나는 월요일과 화요일에는 출근 전 30분, 점심시간 30분, 퇴근 후 1시간 30분을 공부할 것이다. 그리고 점심 약속이 있으므로 점심시간에 자투리 시간을 활용하지 못하는 수요일에는 아내가 아이들을 데리고 친정집에 가기 때문에 저녁 시간 전체를 활용할 수 있다. 4시간이라고 적는다. 이렇게 요일별로 내가 자율 학습이 가능한 시간을 적고 나면 1주일 동안 공부 시간도 한눈에 보인다. 예를 들어 주당 20시간 정도로 계산된다면 그 시간에 알맞게 1일치 공부 계획을 세우면 된다.

계획서의 중앙에는 1주일 동안 내가 공부할 목표량을 설정하고 진도를 체크하는 'TO DO LIST 공간'이다. 맨 오른쪽 공간에는 하루나 1주일을 기준으로 내가 낭비한 시간이나 목표를 달성하지 못한 이유에 대해서 쓰는 '반성의 공간'이다. 예를 들어 월요일에 갑자기 연락이 닿은 친구를 만났다면 '친구와 급 만남'이라고 적고 그날 지키지 못한 내용을 적는다.

위 계획표대로라면 나는 20시간 공부할 것을 예상했는데, 내가 실제 공부한 시간은 계획의 80퍼센트, 16시간이었다. 그러면 내가 1주일 동안 할 수 있는 양은 20시간 분량이 아니라 16시간 분량이라는 뜻이다. 이후 주 단위 계획표에는 16시간의 공부 분량을 잡을 것이다. 이것이 나의 페이스이기 때문이다.

이 A4 계획서는 항상 들고 다녀야 한다. 어떤 이유로 시간을 낭비했는지, 계획이 지체되거나 실행하지 못했는지 꼼꼼하게 메모와 기록을 하면서 다음에는 이런 시간을 줄이도록 반성의 시간을 가져야 한다. 다이어리에 계획을 짤 수도 있지만, 나는 그때그때 펼쳐서 한눈에 확인하고 메모하다 보니 A4 계획서가 더 편리했다.

Tip 계획을 세우는 방법

① 할 수 있는 만큼의 70~80퍼센트 계획하자
② 1년 → 6개월 → 1개월 → 1주일 → 오늘, 계획은 거꾸로 쪼개라
③ A4 용지 한 장으로 1주일 계획을 한눈에 보이게 하라

반복,
세상에서 가장 똑똑한 노력의 기술

뛰어남은 훈련과 반복을 통해 얻어지는 예술이다.

| 아리스토텔레스 |

가끔 다른 전공의 의사 선생님들이 피부 관리를 받고자 우리 병원을 찾는다. 평소 공부법에 무척 관심이 많은 나는 그중에 개인적인 친분이 있는 몇몇 분께는 공부법에 대해 물어보곤 했다. 그러다 '공부의 신'이라 불러도 손색이 없는 의사 선생님 두 분과 본격적으로 이야기를 나눌 시간이 있었다.

박 선생님은 영상의학과 전문의로 암기에 탁월한 능력을 소유하

고 있다. 의사국가고시에서는 상위 10퍼센트 안에 들었고 이화여자
대학교 졸업 당시 성적은 86명 중에서 7등이었다. 최 선생님은 수능
수학 만점자 출신으로 수학 머리가 남다른 정형외과 전문의이자 군
의관이다. 이 두 분과 수험생 시절 이야기를 나누다 새삼 느낀 점이
있다. 공부 잘한 사람들의 공부 비법은 하나로 모인다. 철저한 반복
학습과 동기부여, 이것만 한 성적 향상의 지름길이 없다는 것이다.

'암기의 신'이라 불린 의사의 반복 학습법

학창 시절부터 '암기의 신'이라 불린 박 선생님의 암기 비결은 뭘
까? 선생님은 암기 이전에 '이해가 선행'되어야 한다고 강조했다. 스
스로 이해하고 습득해야 다른 사람에게도 잘 설명할 수 있듯이, 이
해를 바탕으로 한 암기는 단순 암기보다 오래 기억에 남는다는 것이
다. 나도 이 부분에 전적으로 동감한다. 암기는 무작정 외우는 것이
아니다. 오래 기억하려면 무조건 이해부터 해야 한다. 평소에 배운
걸 그때그때 이해하고 잘 복습해둔다면, 나중에 시험을 앞두고는 중
요한 부분만 훑어봐도 기억이 선명하다.

"저는 예습은 못해도 복습은 철저히 했어요. 특히 그날 배운 건
자기 전에 반드시 리마인드했고요. 아무리 양이 많아도 이해를 제

대로 한 상태에서 반복하면 머릿속에 다 들어가요. 그래서 이해하는 데 가장 많은 시간을 할애했어요. 저는 이걸 '첫 단추 꿰기'라고 생각해요. 첫 단추만 잘 꿰어놓으면 다음 날에는 전날 배운 걸 휘리릭 복습하고, 오늘 배운 건 오늘 바로 또 복습하면서 반복하는 거죠. 인간의 학습이나 기억을 담당하는 기관인 해마는 단기 기억력이 7~8분밖에 안 돼요. 장기 기억으로 넘기려면 반드시 복습을 해야 합니다. 그래서 저는 자기 전에 그 날 배운 건 반드시 복습하고 잤어요. 복습만이 살길인 거죠."

박 선생님의 공부 방법에 따르면 그날그날 배운 걸 복습해놓으면 시험 기간 때도 크게 부담스럽지 않다. 박 선생님은 시험 때는 최소 3회독을 했는데 의사국가고시 때는 30회독을 했다고 한다. 여기서 회독(回讀)이란 어떤 한 부분을 반복해서 읽은 횟수를 말한다. 따라서 박 선생님은 의사국가고시까지 시험 범위를 30번 반복해서 읽고 이해한 것이다. 의사국가고시 합격생 중 상위 10퍼센트에 들었을 때 공부한 노트를 보니 정리 역시 완벽했다. 인상적인 것은 페이지마다 포스트잇을 사용해 별도로 정리해놓은 것이었다.

"따로 정리해서 외우는 용도로 포스트잇을 활용했어요. 평소에 복습하면서 엑기스만 포스트잇에 메모해놓거나 형광펜으로 표시해두었어요. 시험을 앞두고는 그 부분을 중점적으로 봤죠. 공부한 내용이 나에게 익숙하도록 체화하는 게 가장 중요해요."

이 정도로 복습을 철저히 했기에 의과대학도 우수한 성적으로 졸업했을 것이다. 핵심은 평소에 배운 내용을 완전히 이해한 후 암기해서 내 것으로 만들어놓고, 그 내용이 장기 기억으로 넘어갈 수 있도록 반복을 거듭했다는 점이다. 이는 내가 생각하는 가장 중요한 공부법이기도 하다.

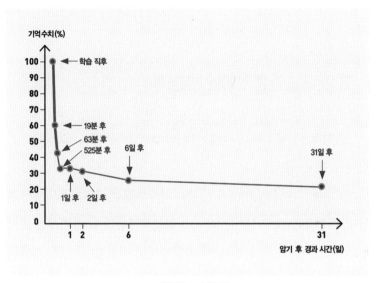

▲ 에빙하우스 망각 곡선

독일의 심리학자 에빙하우스의 '망각 곡선' 이론도 반복 학습의 중요성을 잘 보여주고 있다. 위의 망각 곡선 속 굵은 선을 살펴보자. 이에 따르면 학습 직후부터 망각이 시작되고, 1시간 뒤에는 학습량의 약 50퍼센트가 사라지고, 한 달이 지나면 거의 기억하지 못한다. 아무리 머리 좋은 사람도 이 망각 곡선에서 예외가 아니다.

그렇다면 이 망각을 이겨내는 방법은 무엇일까? 단 하나, 꾸준한 반복이다. 결국 시험을 잘 본다는 것은 공부한 것을 잊지 않고, 얼마나 오래, 정확하게 기억하느냐에 달려 있다. 그런 점에서 '1/4/7/14 공부법'만큼 반복 학습에 최적화된 복습법도 없다.

체화된 학습 : 몸이 기억하는 반복의 힘

"중학교 때 성적은 평범했어요. 반에서 7~8등 정도였으니까 잘했다고 볼 순 없죠."

최 선생님은 수학 머리가 탁월한 의사로 통한다. 그런 그에게 평범했던 중학교 시절을 지나 의대에 입학하기까지 많은 학생들이 어려워하는 수학 공부를 대체 어떻게 했었는지 물었다. 그의 대답은 뜻밖이었다.

"수능 수학 공부를 할 때는 '공식이 도출되는 과정'에 집중했어요. 『수학의 정석—기본편』을 보면 하나의 공식이 도출되기까지의 증명을 보여주는데요, 그 공식이 도출되는 과정에 집중해서 여러 번 본 다음 그 공식을 응용해서 나오는 심화 문제들을 풀어보는 순서로 공부했습니다. 보통 시험이 있기 3주 전부터 시험 범위를 총 5일에 걸쳐 볼 수 있도록 범위를 나눈 후 한 번 보고, 시험 전날엔 빠르게 2회독을, 시험 전까지 총 3회독을 목표로 공부했습니다."

최 선생님의 수학 공부법에서 주목할 만한 것은 공식을 단순하게 외우지 않고 그 원리를 이해하는 데 중점을 두었다는 점이다. 예를 들어 근의 공식을 공부할 때, 문제 풀이 과정이 10단계라면 각 단계마다 원리를 이해하고 되새김질하면서 문제 풀이에 들어갔다. 그렇게 단계별로 하나하나 이해하고 넘어가면서 그 공식이 도출되는 과정 자체에 집중하다 보면 원리 자체를 수월하게 이해할 수 있다.

최 선생님 또한 여러 권의 책을 보지 않고, 한 권의 책을 최소 5회 이상 보았다. 이때 중요한 것은 수학 문제를 머리로 풀지 않고 손으로 직접 써가면서 풀었다는 점이다. 풀이과정 역시 나중에 다시 볼 수 있도록 깔끔하게 정리했다. 틀린 문제를 점검할 때도 머릿속으로 점검하는 게 아니라, 반드시 손으로 다시 풀고 그 과정을 되새겼다.

수학은 머리가 아니라 손이 푸는 과목이다. 그 때문에 머리로만 생각하는 것보다 손으로 풀이 과정 자체를 익혀서 몸에 각인시키는 게 중요하다. 그러면 무수히 많은 공식들이 자연스럽게 체화된다. 이는 수학뿐 아니라 다른 과목, 다른 시험에도 다양하게 적용된다. 머릿속으로만 이해하고 넘어가지 말고, 나만의 말이나 글로 다시 정리하면 그 기억은 훨씬 더 오래 남는다.

동기부여가 타고난 공부머리를 이긴다

두 선생님과 인터뷰를 마치고 내용을 되짚어보니 내 생각과 비슷한 점이 많아서 새삼 놀라웠다. 바로 복습의 중요성이 그것이다. 나 또한 암기에 앞서 원리의 완벽한 이해를 선행했고, 이해한 원리를 잊지 않도록 다음 날 다시 한 번 더 복습했다. 그렇게 원리를 이해하고 나면 두 번째 복습 때에는 처음의 절반 정도 시간이 소요되고, 그다음 복습 때에는 4분의 1로 시간이 줄어든다. 복습을 더할수록 장기 기억으로 저장될 뿐 아니라 시간도 줄어드니 효과는 곱절로 늘어나기 마련이다. 이것이 바로 공부 잘하는 사람들의 공통적인 비법이다.

그리고 또 한 가지, 최선생님이 인터뷰 중 남긴 한 마디는 내 심금을 울렸다.

"공부를 잘하기 위해서는 머리가 좋아야겠죠. 군의관 생활을 하면서 만난 서울대 의대생들을 보면 확실히 남다르다는 걸 느껴요. 그런데 저는 공부머리보다 중요한 게 동기부여라고 생각해요. '내가 왜 공부해야 하는지' 그 이유가 분명해야지만 노력은 수단이 될 수 있어요."

그렇다. 기본 참고서의 내용을 이해하고 10~15번을 계속해서 반복하며 복습한다는 것은 말처럼 쉬운 일이 아니다. 이렇게 마르고 닳도록 반복하는 습관을 들이기 위해서는 강력한 동기부여가 필요하다. '왜 공부를 해야 하는가?'에 대해 스스로 답할 수 있을 때 우리는 힘들고 지치더라도 주저앉지 않을 수 있다.

 단기 기억을 장기 기억으로 바꾸는 힘은 '반복'에 있다. 반복의 힘은 몸이 기억하고, 기억한 몸은 습관을 만든다. 그리고 습관은 언제나 '결과'를 만든다.

내 인생을 바꾼
1/4/7/14 공부법의 모든 것

행동의 가치는 그 행동을 끝까지 이루는 데 있다.

| 칭기즈칸 |

"선생님 덕분에 의대에 입학했어요."

"편입 시험 합격했어요. 제가 정말 합격할 줄 몰랐어요!"

"내 성적이 이렇게 오를 줄이야!!!"

나의 유튜브 동영상 중 구독자들의 생생한 합격 수기 피드백을 가장 많이 받은 콘텐츠는 1/4/7/14 공부법이다. 이 공부법은 '쪼개기'와 '반복'의 노하우를 활용해 완성시킨 체계적인 복습법으로 나의 꿈을 이루어준 일등 공신이기도 하다. 최근 이 공부법으로 자신의 한계를 뛰어넘어 원하는 목표를 이루었다는 피드백을 주는 사람들이 점점 더 늘어나 큰 보람을 느끼고 있다. 공부한 내용을 체계적인 복습을 통해 완전히 내 것으로 만들 수 있다.

그렇다면 '1/4/7/14' 공부법은 어떻게 실행해야 할까? 지금부터 구체적인 방법을 살펴보자.

1/4/7/14 공부법, 어떻게 실행해야 하는가

언뜻 보면 굉장히 복잡해 보이고 실천하기 힘들 것 같지만 이 책을 손에 쥔 시점부터 딱 2주만 이 방법으로 공부해보길 바란다. 복습의 중요성은 알지만 제대로 실천해보지 못한 당신에게 이보다 명확한 복습 패턴은 없을 것이다. 우선 기본 원리에 대해 알아보자.

 1, 4, 7, 14에서 1, 3, 6, 13을 빼라

이 공부법의 핵심은 반복 학습을 위한 패턴을 만드는 것이다. 다시 말하자면, 반복 학습은 공부 내용을 잊어버리기 전에 장기 기억으로 만들기 위한 것이고, 이를 패턴으로 만든 까닭은 그래야 반복하기 쉽기 때문이다. 여기까지 따라온 독자들이라면 '1/4/7/14'의 숫자들이 무슨 의미인지 알아챘을 것이다. 바로 공부 일수를 뜻한다. 말 그대로 1은 공부 1일차(Day 1), 4는 공부 4일차(Day 4), 7은 공부 7일차(Day 7), 14는 공부 14일차(Day 14)를 뜻한다.

다시 말하면 위에서 말한 '공식'은 자신이 공부하는 일수에 맞춰 '1, 3, 6, 13' 중 뺄 수 있는 숫자를 빼보라는 것이다. 빼서 나오는 숫자에 해당하는 날에 공부했던 내용을 오늘 복습하면 되는 것이다. 이해될 듯 말 듯한 당신을 위해 예를 하나 들어보자.

당신이 공부 14일차를 맞이했다고 가정해보자. 14일차에는 1과 3, 6, 13을 모두 뺄 수 있게 된다. '14-1=13'이니 13일차인 어제 공부한 것을 복습하고, '14-3=11'이니 11일차 공부한 내용을 복습해야 한다. 마찬가지로 6과 3을 빼면 8일차와 1일차에 공부한 것도 복습해야 한다. 이로써 1일차 공부 내용은 세 번의 복습 기회를 갖는다.

 첫날은 워밍업하는 기분으로 적은 양을 공부하라

첫날에는 볼펜으로 핵심 내용에 밑줄을 그으며 진도를 나간다. 첫날에 가장 명심해야 할 부분은 무리해서 진도를 나가지 않는 것이다. 이 공부법의 핵심은 매일 진도를 새로 나가면서도, 복습을 꾸준히 잘해서 공부 효과를 높이는 것이다. 그래서 공부의 기본 자세에

		−1	−3	−6	−13
Day 1	진도				
Day 2	진도	+ Day 1			
Day 3	진도	+ Day 2			
Day 4	진도	+ Day 3	+ Day 1		
Day 5	진도	+ Day 4	+ Day 2		
Day 6	진도	+ Day 5	+ Day 3		
Day 7	진도	+ Day 6	+ Day 4	+ Day 1	
Day 8	진도	+ Day 7	+ Day 5	+ Day 2	
Day 9	진도	+ Day 8	+ Day 6	+ Day 3	
Day 10	진도	+ Day 9	+ Day 7	+ Day 4	
Day 11	진도	+ Day 10	+ Day 8	+ Day 5	
Day 12	진도	+ Day 11	+ Day 9	+ Day 6	
Day 13	진도	+ Day 12	+ Day 10	+ Day 7	
Day 14	진도	+ Day 13	+ Day 11	+ Day 8	+ Day 1

▲ 1/4/7/14 공부법 스케줄표

서도 강조했듯이 첫날부터 무리해서 진도를 나가면 복습 양이 늘어나 금세 버거워진다. 그러므로 첫날에는 워밍업하면서 공부량을 적절하게 유지하는 게 중요하다.

 어제 공부는 오늘 아침에 리마인드하라

어제가 공부 첫날이었다면 가장 중요한 건 오늘 공부다. 어제 공부한 내용이 기억에서 사라지기 전에 붙잡아야 하기 때문이다. 그러므로 어제 한 공부는 오늘 아침에 반드시 리마인드해야 한다. 새로운 내용을 공부하기 전에 말이다. 나는 새벽 6시에 일어나 7시까지는 무조건 전날 공부한 내용을 복습했다. 이런 식으로 전날 공부한 내용을 리마인드할 때에는 볼펜으로 밑줄을 쳐놓았던 중요한 부분들을 위주로 훑어 내려가며, 기억이 가물거리는 부분에 '옅은 형광펜'을 치며 공부한다. 오늘의 우리에겐 반드시 어제 공부한 내용이 있다. 따라서 아침마다 어제 공부한 내용들을 리마인드하는 첫 번째 복습을 앞으로 매일 반복해야 한다는 것을 기억하자.

 오늘 진도를 마친 후에 Day 1을 복습하라

4일차가 되면 드디어 1일차에 공부했던 내용을 두 번째로 복습하게 된다. 4일차 공부 때는 밑줄 친 핵심 내용과 다음 날 복습하며 표시해두었던 옅은 형광펜 부분을 위주로 한 번 더 보는데, 이때도 모르는 게 있다면 '짙은 형광펜'으로 표시해 눈길이 갈 수 있도록 해둔다.

다시 정리하자면, 새로 진도를 공부하는 1회독 때에는 핵심 내용을 '볼펜으로 밑줄' 긋고, 다음 날 아침 복습하는 2회독 때에는 모르는 부분에 '연한 형광펜'을 칠한다. 그러므로 2회독이 끝났을 때는 밑줄과 형광펜이 같이 표시되어 있다. 그리고 비로소 3회독 때에는 '진한 형광펜'으로 기억 나지 않는 부분을 한 번 더 체크한다. 이렇게 해놓으면 시험 직전처럼 시간이 부족할 때 내가 외우지 못했거나 어려워했던 부분들인 '진한 형관펜 → 연한 형관펜 → 밑줄 볼펜' 순서로 볼 수 있게 된다.

Day 7 Day 1 내용을 3회독 한 뒤에 문제집을 풀어라

7일차가 되면 1일차에 공부한 내용을 이미 3회독 했을 것이다. 1일차에 한 번, 2일차에 복습으로 또 한 번, 4일차에도 한 번 더 공부했으니 말이다. 물론 7일차에도 그동안 3회독 하며 표시해두었던 부분을 복습해야 한다. 이렇게 3회독 이상 반복한 부분을 복습할 때 이전에 비해 복습하는 시간이 훨씬 단축되었음을 느낄 수 있을 것이다.

나는 이렇게 회독의 시간이 짧아지기 시작하는 7일차에 1일차에 공부했던 부분을 문제집으로 풀었다. 매일 기본서만 보는 게 지겹기도 하거니와, 문제에 응용되었을 때 새롭게 보이는 부분이 있기 때문이다. 보통 많은 사람들이 오늘 공부한 내용은 오늘 바로 문제 풀이에 들어가곤 하는데, 이는 시험 볼 때 전혀 도움이 되지 않는 공부법이다. 방금 본 내용이 기억이 잘 나기 때문이다. 공부한 지 얼마 지나지 않아 휘발되기 전인 '단기 기억'은 내일이면 사라지기 때문이다. 하지만 1주일쯤 지나고 나서도 문제 풀이에 적용할 수 있는 기억이라면 이는 시험 보는 날까지 유지될 가능성이 크다. 그러므로 문제집 풀기에 급급하기보다 항상 기본에 충실한 복습이 우선이다.

 진한 형광펜으로 표시한 것만 보자

14일차가 되면 전날 진도 나간 분량을 리마인드하는 것에서 시작해서 새로 진도를 나간 후, (3을 빼니) 11일차와 (6을 빼니) 8일차, 그리고 (13을 빼니) 다시 1일차 공부도 복습을 해야 한다. 공부량이 절대적으로 많아지는 것이다. 그래서 14일차 이후부터 다섯 번째 복습하는 부분이라면 '진한 형광펜'으로 표시한 것만 본다. 시간이 지날수록 복습해야 할 양이 늘어나 힘들 것 같지만, 이미 여러 번 봐온 내용이라서 속도는 더 빨라진다. 이쯤 되면 이미 내 것이 되어 익숙한 내용이니 공부하기 훨씬 수월해진다.

1/4/7/14/30 공부법으로 업그레이드하라

1/4/7/14 공부법으로 2주일 동안 공부를 지속했다면 이후로도 같은 방법으로 30일차까지 진행해보자. 그것이 1/4/7/14 공부법에서 업그레이드한 '1/4/7/14/30 공부법'이다. 앞서 했던 방식과 마찬가지로 1, 3, 6, 13을 빼서 나오는 날의 분량을 복습하는 것이다.

그렇다면 30일차 이후에는 어떻게 공부해야 할까? 가령 1,000페이지 분량의 책을 공부한다고 가정해보자. 먼저 30일 동안 500페이지를 살펴본다고 가정하고 1/4/7/14/30 공부법을 통해 1회 통독을 했다고 가정해보자. 여기서 '통독(通讀)'이란 처음부터 끝까지 전체를 살펴본 것을 말하는데, 30일 간의 500페이지를 1회 통독한 이후 다시 15일을 기준으로 잡아 '1/4/7/14' 방법으로 500페이지를 한 번 더 본다면 책의 절반을 2회 통독한 게 된다. 이렇게 45일 동안 2회 통독을 완성한 후, 501페이지부터 1,000페이지까지 다시 새로운 진도를 시작하면 된다.

30일 이후에는 이런 식으로 필요한 부분을 다시 보거나 앞서 세웠던 계획을 멈추지 않고 계속해서 이어나가는 것도 방법이다. 단, 이 과정에서도 앞서 공부한 내용을 매일 간단히라도 복습하는 게 중요하다. 이미 2회 통독을 마친 후이기 때문에 다시 들춰보았을 때 기억해낸다면 자신감이 생겨서 불안감이나 슬럼프도 오지 않는다.

1/4/7/14 공부법, 제대로 활용하는 특급 노하우

이 공부법은 처음에는 지루하고 더딜 수 있지만, 쌓이면 쌓일수록 무서운 공부 방법이다. 장에 꽂혀 있는 책들은 대개 앞부분은 흔적이 있지만 중간 이후부터는 말끔한 경우가 많다. 어느 집에 가서 펼쳐 봐도 『수학의 정석』의 '집합' 부분이나 컴퓨터활용능력시험을 위한 수험서 1장만 얼룩덜룩한 것처럼 말이다. 매번 '앞에서부터 다시 시작하는 공부'를 해오던 우리는 어느 순간 앞부분 내용에는 상당히 익숙해지는데, 의도하지 않았지만 이 역시 '반복 학습의 힘'이라고 볼 수 있지 않을까? 1/4/7/14 공부법과 위의 방법에 다른 점이 있다면, 복습을 하면서 끝까지 공부할 수 있는 패턴이 잡혀 있다는 것이다. 앞서 1/4/7/14 공부법의 패턴을 살펴봤으니, 이젠 이 공부법을 뒷받침해주는 구체적인 노하우들을 익혀보기로 하자.

노하우1 진도 욕심을 버려라

이 공부법의 핵심은 공부했던 내용을 잊어버리기 전에 꾸준히 반복해 장기 기억으로 전환시키는 데 있다. 따라서 오늘 내가 공부한 내용은 내일의 복습 분량이 되는 것이다. 따라서 진도는 반드시 복습이 가능한 분량만큼만 나가야 한다. 욕심내지 말자. 공부를 하다 보면 진도 나가는 데 급급해서 앞만 보고 달리는데, 이는 좋은 방법이 아니다. 완전히 이해하고 복습한 후 다음 진도를 나가는 게 더 효과적이다. 물론 사법시험처럼 분량이 너무 많은 경우라면 진도를 많이 빼면서 빠른 시간에 많은 회독을 해야겠지만, 대입 수험생들이나 공무원 시험, 공인중개사 시험 등을 준비하는 이들이라면 차근차근 복습이 가능한 분량으로 계획을 세워야 한다.

노하우2 형광펜은 색깔별로 용도를 정하자

나는 보통 중요한 부분은 노란색 형광펜, 안 외워진 부분에는 분홍색 형광펜을 칠한다. 1회독을 할 때는 중요하다고 생각하는 부분에 볼펜으로 밑줄을 그어놓는다. 외울 때는 보통 표시한 내용을 눈으로 읽는 편인데, 잘 외워지지 않으면 책이나 교재의 여백에 글씨를 쓰면서 외우기도 한다.

이후 첫 번째 복습을 할 때는 한 번 더 정독을 하는 게 좋다. 이때 밑줄 친 부분을 보면서 다시 노란색 형광펜으로 중요한 부분을 표시한다. 그리고 난 후 두 번째 복습을 할 때는 정독하지 않고 밑줄 친 부분과 노란색 형광펜 부분만 보는데, 잘 모르겠거나 외워지지 않는 부분은 노란색보다 더 눈에 잘 들어오는 분홍색 형광펜으로 표시한다. 이렇게 하는 이유는 1/4/7/14 공부법의 특성상 복습량이 많아지기 때문에 매일 늘어나는 복습의 절대량을 줄이기 위함이다. 중요한 부분, 외우지 못했던 부분들을 일목요연하게 정리해놓는다면 짧은 시간에 효율적으로 복습을 마칠 수 있게 된다. 자신의 취향과 기호를 바탕으로 필기구의 용도를 정해두고 써라. 형광펜도 색깔별로 용도가 분명해야 좋다. 중요한 것은 반드시 자신만의 방식으로 2회독, 3회독을 할 때 봐야 할 부분을 표시해두어야 한다는 것이다.

노하우3 복습은 형광펜 부분만 눈으로 빠르게 읽어라

4일차에 복습할 때는 이전에 표시해 둔 형광펜 표시를 따라가며 보면 된다. 엑기스만 빨아들이는 느낌으로 2일차에 표시해둔 노란색 형광펜, 분홍색 형광펜, 그리고 가끔 노란색과 분홍색이 중복되어 주황색으로 색이 변한 부분을 본다. 이런 식으로 형광펜을 칠한 부분 위주로 복습을 이어간다. 오늘 내가 공부한 부분을 다음 날 아

침 한 번, 4일차에 또 한 번, 7일차와 14일차에 또 보면 복습이 벌써 몇 번째인가. 무려 5회독이다. 공부할 때는 다소 천천히 가더라도 이렇게 엑기스를 남겨야 오래 기억할 수 있다.

 마지막 정리는 복습 노트에 일목요연하게 하라

2주간 이 공부법을 몸에 익혀 '1/4/7/14/30' 복습 주기로 업그레이드했다면 앞으로 가장 중요한 것은 나중에 그 부분의 복습을 얼마나 빨리 할 수 있는지 여부다. 나는 3회독 정도면 내용이 익숙해지는 편이라 이때부터는 단원별로 노트 정리를 했다. 노트 여백에는 문제 풀이를 할 때 틀렸던 내용이나, 심화된 내용을 공부하며 부족했던 부분을 추가적으로 메모했다. 그러면 이 복습 노트는 완전히 '엑기스 노트'가 되어 복습할 때도 시험장에 갈 때도 제 역할을 톡톡히 한다. 자세한 노트 정리법은 뒤에서 따로 다룰 것이다.

 당일 외운 내용으로 문제집을 풀지 말자

무조건 암기하고 문제를 많이 푸는 게 능사가 아니다. 당일 외운 내용을 바로 문제집으로 풀면 잘 풀린다. 하지만 실제 시험에 나오는 문제는 그날 배운 내용이 아니다. 그래서 나는 7일차가 되어서야 문제집으로 리뷰하는 시간을 가졌다. 1일차에 공부한 내용들은 적어도 3회독을 했으니까 1주일이 지난 후에는 공부한 부분을 마스터했다고 생각해 문제집을 풀었다. 하지만 문제집을 풀다 보면 부족한 부분이 또 나온다. 안다고 생각했던 부분도 틀리고, 아예 몰랐던 부분도 틀린다. 이런 부분은 복습 노트에 다시 정리해놓고 시험 직전에 다시 보면 훨씬 좋다.

복습은 제자리걸음이 아니다. 조급한 마음을 내려놓고 자신의 페이스를 찾아나가면서 공부 가성비를 높이자.

1/4/7/14 공부법,
성공과 실패의 한 끗 차이

준비에 실패하는 것은 실패를 준비하는 것이다.

| 벤저민 프랭클린 |

1/4/7/14 공부법은 14일 동안 매일 진도를 나가면서 반복 복습을 병행하며 공부를 습관으로 만드는 것을 목표로 한다. 14일 동안 습관이 잡히고 나면 그 후의 공부는 훨씬 쉬워진다. 이 공부법을 소개한 몇 편의 영상들만 따져도 유튜브 조회수가 지금 기준으로 500만 회가 넘는다. 이렇게나 많은 수험생들이 노력할 방법을 절실하게 찾고 있다는 걸 알고 영상을 올린 나조차도 깜짝 놀랐다. 어떤 분

은 1/4/7/14 공부법으로 공부 계획을 짤 수 있는 무료 어플을 만들어 배포하기도 했고, 또 자신이 공부하고 있는 시험이나 과목에 적합하게 복습 주기를 바꾸어 활용하는 분도 있었다.

하지만 이 방법을 자신에게 적용한 모든 수험생들이 성공한 것은 아니다. 많은 구독자들과 댓글과 메일로 상담을 주고받다가 나는 이 공부법의 성공과 실패를 가르는 차이를 발견하게 되었다. 사실 성공과 실패를 가르는 것은 한 끗 차이였다.

4개월 만에 의대 합격을 이룬 구독자의 합격 수기

어느 날 현우 군이 찾아와서 반가운 소식을 전했다. 이 친구는 내 병원의 환자이기도 한데, 수능 120일 전에 나의 유튜브를 보고 복습 위주로 공부법을 바꾸고 수능에서 거의 만점을 받아 S대학교 의과대학에 합격했다고 했다.

"원장님 동영상을 보고 '아, 내 공부법이 뭔가 좀 잘못됐구나'라는 생각을 했어요. 그래서 복습 위주의 공부로 바꿨습니다. 재수를 했는데 막바지 몇 달은 혼자 독서실에 다니면서 공부했어요. 남은 4개월 동안 복습 주기를 하나씩 실천해나가면서 제 방식대로 조금 더 업그레이드를 해서 공부했던 게 제대로 적중한 것 같아요. 제가 생각해도 '4개월의 기적'이에요."

내가 합격한 마냥 너무너무 기뻐서 "잘했다, 장하다"고 몇 번이나 말해주었는지 모른다. '공부 유튜버'라 그런지 요즘은 이런 합격 수기를 들었을 때 가장 행복하다. 그런데 현우 군과 앞으로의 대학 생활에 대해 이야기를 나누다 보니 갑자기 궁금증이 생겼다. 현우 군은 과연 내 공부법을 어떻게 활용했길래 4개월 만에 의대에 합격할 수 있었을까. 여기에서는 현우 군이 1/4/7/14 공부법을 어떻게 활용해서 효과를 올렸는지 들려주려고 한다. 현우 군이 4개월 동안 1/4/7/14/30 공부법을 어떻게 활용했는지 살펴보자.

자기 전에 한 번 더 복습하기

1/4/7/14 공부법에서 나는 전날 공부를 다음 날 아침에, 새로 진도를 나가기 전에 반드시 복습하라고 강조했다. 현우 군 역시 다음 날 자고 일어나자마자 전날 공부 내용을 복습했다. 그런데 이 공부법이 몸에 익자 복습의 효과를 체감하고 복습을 한 차례 추가했다. 바로 오늘 공부한 내용을 잠들기 전에 복습한 것이다. 복습을 1회 추가했을 뿐만 아니라 첫 번째 복습을 더 이르게 당긴 것이다.

지금 공부한 내용은 1시간만 지나도 머릿속에 절반도 채 남지 않는다. 그러니 복습까지 가는 시간은 짧을수록 좋다. 자기 전에 복습하고 일어난 후에 복습하면 24시간에 같은 내용을 벌써 세 번 공부한 셈이다. 암기 과목에 집중해 공부해야 하는 수험생이라면 현우 군의 방법을 꼭 활용해보길 바란다.

진도와 복습에 시간을 알맞게 분배하기

현우 군은 가령 하루 평균 8시간 동안 공부하면 6시간 정도는 진도를 나가고, 2시간 중 1시간 30분은 오후로 분배해서 그날 6시간 동안 공부했던 걸 복습해주었다. 그리고 잠자기 전에 또 30분 정도 복습하고, 다음 날 일어난 후에는 더 가볍게 20분 정도 빠르게 복습한 뒤, 그날 진도를 나가는 방식으로 공부했다. 자신에게 주어진 공부 시간을 진도와 복습에 잘 쪼개 활용한 훌륭한 예라고 할 수 있다.

3개월 동안 기본서 반복 후, 1개월 문제 풀이에 집중하기

또한 현우 군은 기본서를 반복해서 보고 문제 풀이를 나중에 하라는 내 노하우도 그대로 적용했는데, 기본서를 여러 번 통독하면서 1회 통독에 걸리는 속도를 2배씩 올리고 시간을 1/2씩 줄였다. 가령 이런 기본서를 1회 통독하는 데 1개월이 걸린다면, 2회 통독할 때에는 15일 만에, 3회 때에는 1주일 만에, 4회 때에는 3~4일 만에 했다고 한다. 이러면 기본서 한 권을 4회 통독하는 데 딱 2개월이 걸린다. 그리고 나서야 관련된 내용의 문제집을 1개월 정도 풀었는데, 이때는 문제 풀이에만 집중을 하니 가속도가 엄청났다고 한다. 이뿐 아니라 개념을 응용해 풀어야 하는 문제들에 대한 자신감이 많이 생겼다고 한다. 이는 기본서를 여러 번 반복함으로써 기본 개념을 충분히 이해했기 때문이다.

수학과 과학 과목에서도 기적을 만든 반복 복습법

120일 간의 기적이라고 할 수 있는 이유는 깜짝 놀랄 만큼 성적이 오른 것도 있지만, 국어와 외국어처럼 원래 잘했던 과목이 아닌 수학과 과학처럼 평소 자신이 없던 과목도 단기간에 점수를 놀랍게 올렸기 때문이다. 그러므로 시간이 많지 않다는 생각이 들 때도 항상 기본으로 되돌아가 복습에 집중해야 한다. 그날 공부한 것을 리마인드해주는 반복 복습으로 꾸준하게 뇌를 자극하면 그 지식들이 장기 기억으로 가면서 응용력을 기르는 데도 큰 도움이 된다.

1/4/7/14 공부법의 답답함은 어디서 오는가

"선생님이 하라는 대로 해봤더니 가슴이 답답하더라고요. 잠도 잘 못 자겠고…. 첫째, 둘째 날은 양이 적으니까 다 외워지고 다음 날 아침이 되면 기분이 좋아서 '아, 이게 되는구나' 했는데, 양이 많아지니 기억도 잘 안 나고 힘들어 포기하게 되더라구요."

이 공부법을 중도에 포기했다는 분을 만나 상담해보면 대부분 1주일을 채 이어가지 못한 경우가 많다. 또 처음부터 너무 완벽하게 외우려고 해서 초반에 지쳐버리는 분들이 많았다. 또 무엇보다 암기 주기를 체계적으로 관리하는 방법을 어려워했다. 1/4/7/14 공부법을 제대로 이어가려면 어떤 점에 주의해야 하는지 살펴보자.

한 번에 완벽하게 외울 수 없다

100퍼센트 한 번에 외울 수는 없다. '처음부터 제대로 해볼 거야'라며 무조건 완벽히 외우려고 하면 강박관념이 생겨 지속하기 어렵다. 처음 1주일 동안에는 편하게 시스템을 익힌다는 생각으로 접근해서 2주일은 해봐야 한다.

아예 새로운 과목의 공부를 시작할 때는 두 번, 세 번 만에 다 외울 수 없다. 일정을 세워보면 알 수 있다시피 '1/4/7/14 공부법'은 기본적으로 5회독을 해내는 시스템이다. 적어도 2주는 해야 시스템이 익숙해진다. 나의 경우 책을 정하면 10회독을 기본으로 한다. 조바심을 갖지 않고 콩나물에 물을 주듯이 내가 외울 내용을 조금씩 정리하면서 외우고 확인하고 또 외운다. '이걸 내가 앉은 자리에서 다 외워버리겠다'라는 마음으로 하나하나 꼼꼼하게 복습하려 들면 금세 지친다. 형광펜을 활용해서 중요도별로 표시해놓고 전날 공부했던 밑줄 친 핵심 내용에 '노란색 형광펜'을 더한다는 생각으로 복습해야 한다.

금방 익숙해지지 않는다면 1주일 전 내용만 복습하라

인간은 망각의 동물이다. 언제 어디서든 배운 걸 끄집어내려면 장기 기억으로 보내는 수밖에 없다. 그러기 위해서는 꾸준하고 규칙적으로 반복 학습을 해줘야 한다. 매일 쌓여가는 복습량이 익숙지 않고 부담스럽다면, 오늘을 기준으로 7일 전에 공부했던 내용들만 복습해보자. 이는 '1/7/14 공부법'으로 복습 주기에 약간의 변화를 주는 것인데, 8일차에 1일차를 복습하고 9일차에 2일차를 복습하는 식이다. 그렇게 천천히 복습량을 늘려나가며 준비운동을 한 후, 본격적으로 '1/4/7/14 공부법'을 실행해보는 것도 좋다.

복습 노트를 마련하라

복습을 본격적으로 해보면 알게 되겠지만, 무엇을 어디부터 봐야 하는지 헷갈리는 경우가 많다. 따라서 나만의 복습 노트를 마련하는 것도 좋은 방법이다. 나는 오늘 내가 한 만큼의 공부, 그리고 공부하면서 헷갈리거나 몰랐던 부분의 키워드들을 노트에 정리하곤 한다. 노트를 정리하는 기술은 이후 3장에서 자세히 다루겠지만, 아직 이해가 되지 않은 부분, 잘 외워지지 않은 부분, 반드시 다시 살펴봐야하는 부분들을 일목요연하게 정리하는 습관을 들인다면 훨씬 빠르게 적응할 수 있을 것이다.

국가고시 합격의 비밀,
초집중으로 몰입하라

삶을 훌륭하게 가꾸어주는 것은
행복감이 아니라 깊이 빠져드는 몰입이다.

| 미하이 칙센트미하이 |

지인들 중 사법고시나 의사고시에 합격한 이들에게 대체 하루에
몇 시간 정도 공부했었는지 물어본 적이 있다. 대략 평균을 내보니
하루 6시간에서 7시간 정도였다.

'어라, 생각보다 공부한 시간이 좀 적은데? 보통 수험 생활을 하
면 하루 12시간 정도는 공부하지 않나?'

이렇게 생각하는 수험생들이 많을 것 같다. 물론 그들 중에는

하루 평균 10시간 가까이 공부한 경우도 있다. 하지만 그들이 말한 6시간은 '초집중 상태'에서 공부에 몰입한 시간을 뜻한다. 우리가 공부를 위해 책상 앞에 12시간 정도 앉아 있다고 해도 그중 공부에 완전하게 몰입하는 '초집중 상태'는 넉넉하게 잡아야 5~6시간 정도다. 경험상 나머지는 잡생각 등을 하면서 눈으로만 책을 읽고 있는 시간일 가능성이 크다.

초집중 상태, 완전하게 몰입한 경지

만화 시리즈 〈드래곤볼〉을 보면 '사이어인'이라는 종족의 주인공 손오공이 동료의 죽음으로 인해 분노로 각성한 후 '슈퍼 사이어인' 혹은 '초(超) 사이어인'으로 변신한다. 슈퍼 사이어인이 된 손오공은 머리카락이 위로 솟아오르며 금발로 변하고 눈썹은 노란색, 눈동자는 녹색으로 바뀌며 엄청난 힘을 뿜는다. 내가 말하려는 초집중 상태란 바로 이런 것이다. 공부할 때나 운동할 때도 고도의 몰입을 통해 이런 압도적인 능력을 발휘할 수 있게 된다.

축구선수의 경우 초집중 상태에 돌입하면 뇌파에서는 '베타파'가 솟구치기 시작한다. 이 베타파는 흥분해서 긴장감과 불안감이 고조될 때 나온다. 반면 책상에 앉아서 공부할 때의 초집중 상태는 다르다. 공부하거나 책상에 앉아서 오로지 책에 집중해야 하는 상황에서는 '알파파'가 안정적으로 나온다.

그렇다면 초집중 상태를 만드는 알파파는 어떻게 얻을 수 있을까? 알파파는 안정되고 각성된 상태에서 나타나는데 흔히 참선, 명상 등을 통해서 얻을 수 있다고 한다. 하지만 수험생에게는 이 과정을 온전히 수행하기가 쉽지가 않다. 이 대신에 공부하기 전에 잠깐 눈을 감고 짧게나마 명상하거나, 명상 음악 등을 들으며 마음을 차분히 가라앉히면 집중력을 발휘하기 위한 최적의 주파수인 알파파가 증폭되어 안정감이 든다. 이런 상태를 그대로 공부에 옮겨와야 초집중 상태에 들어갈 수 있다.

예를 들어 책에 온전히 빠져서 공부하고 있다가 불현듯 시계를 봤더니 2~3시간이 훌쩍 지나가 있는 경험을 한 적이 있을 것이다. 그런 상태가 바로 초집중 상태로, 시간이 얼마나 지났는지 체감할 수 없을 정도로 무언가에 완전히 몰입해 있는 것을 말한다.

요즘 사람들은 컴퓨터 게임을 할 때 흔히 초집중 상태를 경험한다고 한다. 초등학생이든 성인이든 게임이 너무 재밌는 나머지 시간 가는 줄 모르고 푹 빠져든다는 것이다. 이는 바꿔 말하면, 누구나 초집중 상태에 빠질 수 있다는 뜻이다. 모두 한 번쯤 경험해본 적이 있는 초집중 상태를 자주 경험한다면 분명 공부 효율은 올라간다. 어영부영 책상에서 시간을 오래 보내려 하지 말고, 오히려 적당한 시간 동안 몰입하려고 노력해보자. 수험 기간을 단축할 수 있는 아주 좋은 기회일지도 모른다.

빠른 시간 안에
'초집중'으로 빨려 들어가는 기술

초집중 상태로 들어가기 위해서는 어떤 식으로 훈련해야 할까? 이는 방대한 정보를 빠르고 손쉽게 흡수하되 나에게 중요한 정보만을 캐치하는 능력을 갖는 것과도 밀접한 연관이 있다. 내가 집중력 강화를 위해 노력한 부분은 사소한 것이다. 하지만 이것만 잘 실천해도 빠른 시간 안에 공부에 몰입할 수 있다.

방해 요소는 사전에 차단할 것

집중력을 강화하려면 일단 방해 요소들부터 정리해야 한다. 가장 큰 방해 요소는 뭐니 뭐니 해도 스마트폰이다. 이 방해 요소를 사전에 차단하기 위해 스마트폰을 책상 서랍이나 가방 안처럼 안 보이는 곳에 치우거나 아예 사물함 안에 넣고 자물쇠를 잠그는 정도의 노력이 필요하다. 또한 컴퓨터를 켜놓고 공부하거나 음악을 들는 습관도 버리는 것이 좋다. 그래야 스스로 초집중 상태를 경험하고 있음을 생생하게 느낄 수 있기 때문이다. 또한 책상 위 잡동사니들은 집중에 방해가 될 수 있기 때문에 책상은 늘 깨끗하게 정리정돈한 뒤에 공부를 시작해야 빠른 시간 안에 집중할 수 있다.

집중력 파괴의 주범, 불안과 걱정

수험 생활을 하다 보면 오늘 해야 할 공부의 양과 성적 걱정 때문에 늘 불안하다. 그러면 공부하기도 전에 '이 많은 분량을 언제 다 할수 있을까? 시험에 떨어지면 어떻게 하지?'와 같은 걱정을 하면서 불안감을 키운다. 이런 불안감은 집중에 도움이 되는 알파파가 나오는 걸 방해하고 눈앞에 놓인 책에 몰입하지 못하게 한다. 부정적인 감정을 해소하지 못하면 공부할 때 집중력이 떨어질 뿐더러 숙면을 취할 수가 없다. 정작 공부해야 할 시간에 멍한 상태에 빠진다. 이런 상태가 지속되면 집중력뿐 아니라 기억력도 나빠진다.

지금 눈앞의 한 페이지에 집중하라

먼 길을 떠날 때는 보이지도 않는 '멀리 있는 그곳'을 바라보지 말고, 당장 한 발씩 내딛고 있는 발아래 길에 집중해야 한다. 공부를 할 때도 마찬가지다. 분량이 많은 책일수록 지금 내 눈 앞에 있는 한 페이지에 초점을 맞춰서 공부해야 한다. 페이지마다 담겨 있는 내용들을 어떻게 하면 내 것으로 만들지에만 집중하자. 언제 이걸 다 보냐고 생각하는 순간 걱정에 사로잡히고 집중력은 흐트러진다. 이것은 굉장히 나쁜 습관이다. 처음에는 진도가 좀 더디게 나가더라도 한 페이지마다 집중하는 훈련을 하다 보면, 자연스럽게 몰입이 되어 불안감은 줄어들고 집중력은 높아진다.

초집중 상태를 만드는 습관

① 방해 요소를 사전에 차단하라
② 불안과 걱정을 해소하라
③ 지금 눈 앞의 한 페이지에 집중하라

가장 안전한 노력
'하루 2시간' 공부하기

시작하라. 그 자체가 천재성이고 힘이며, 마력이다.

| 괴테 |

　잠들기 전 나의 습관은 오늘 하루를 다시 떠올려보는 일이다. 유독 뿌듯한 느낌이 드는 날은 시간 활용을 잘한 날이다. 진료 시간과 개인적인 일들 사이에 남는 자투리 시간까지 알차게 쓴 날은 몸과 마음이 아주 가볍다. 가령 전기 자동차 배터리를 충전하는 날에는 배터리가 충전되는 30분가량의 시간에 책을 읽는다. 그리고 진료 시간 짬짬이 생기는 자투리 시간에는 영어 문장을 암기하고, 집에서

쉴 때는 책을 읽는다.

나도 모르는 사이에 하루 동안 버려지는 자투리 시간을 모으면 얼마나 될까? 놀랍게도 10분, 20분이 모여 하루에 3~4시간 정도나 된다. 그 시간이 한 달, 1년 동안 쌓인다면? 의외로 굉장히 많은 일을 할 수 있다. 이 책을 읽는 독자들도 자신만의 '자투리 시간'이 얼마나 되는지 확인해본다면 깜짝 놀랄 것이다.

성공하는 사람은 자투리 시간을 활용한다

성공한 사람이란 어떤 사람일까? 나는 스스로 정한 목표에 도달함과 동시에 행복을 느끼는 사람이 성공한 사람이라고 생각한다. 내 주변에도 성공한 사람이 많은데 그들은 대개 앞서 말한 자투리 시간을 굉장히 잘 활용하는 편이다. 평소 존경하는 교수님들을 보면, 그 바쁜 시간에 어떻게 최신 논문을 다 읽고 우리 같은 전공의들에게 알려주시는지 의아스러울 때가 있다. 알고 보니 강의와 진료 사이의 빈 시간을 허투루 쓰지 않고 공부에 투자하시는 거였다. 사람은 바쁠수록 더 바빠지고, 시간이 많을수록 더 나태해진다.

쓸모없을 것 같은 자투리 시간을 어떻게 활용하는가에 따라서 인생이 달라진다고 하면 지나친 과장일까? 나는 아니라고 생각한다. 나태한 사람들은 오늘 공부할 시간 중 절반을 놀고 나서 '에이, 오늘은 이미 글렀으니 그냥 내일 하지 뭐…'라며 남은 시간마저 허비한다. 그렇게 하루를 포기하고 마는데 과연 다음 날은 다를까? 반면에 바쁘게 사는 사람들은 자투리 시간까지 알차게 쓰려고 노력한다. 그래서 더 바쁘다. 바쁜 만큼 보람차게 하루를 보내니 내일을 준비하는 마음도 가볍다.

자투리 시간을 의식하면서 생활하면 삶의 질이 달라진다. 그 시간에 책을 읽으며 다른 세상과 지식을 경험하면 새로운 영감과 일상의 활력을 얻을 수 있다. 허무하게 쓰고 있는 자투리 시간, 그것들을 잘 쓰는 방법을 찾아보자. 아끼고 소중하게 쓸수록 큰 선물로 보답해주는 게 시간이다.

죽을 만큼 바빠도 '나를 위한 하루 2시간'은 있다

직장인들은 종일 업무와 인간관계에 시달리다 보니 공부할 시간이 많지 않다. 하지만 가만히 하루 일과를 들여다보면 의외로 짬을 낼 수 있는 시간은 많다. 동료들과 커피 마시며 수다 떠는 시간, 업무 중 가끔 멍 때리는 시간, SNS를 하는 시간 등 따져볼수록 자투리 시간이 나온다.

나는 시간을 20분 단위로 쪼개 쓸 정도로 빠듯하게 스케줄을 짜는 편이다. 그럼에도 불구하고 하루에 2시간 정도는 여유 시간이 생긴다. 그 2시간을 6개월 동안 모아 목표를 세우고 알차게 쓴다면, 웬만한 자격증 시험에도 합격할 수 있다. 1년 이상 활용한다면? 외국어를 수준급으로 하게 될 수도 있다.

당신은 그 시간을 어디에 투자하겠는가? 가장 수익이 확실한 투자는 '자신에 대한 투자'다. 주식 투자도 해봤지만 오히려 내가 가장 잘할 수 있는 건 공부와 자기계발이라는 믿음을 더 강하게 갖는 계기가 되었다. 주식은 내가 통제할 수 없지만, 나 자신은 스스로 통제할 수 있기 때문이다. 하루 2시간을 찾아내서 나만의 공부 시간으로 만드는 것이야말로 최고의 가치투자다.

나는 30대 중반이 되면서 꾸준한 독서를 통해 다방면의 지식을 얻고 영어를 능숙하게 구사하기 위해 하루 2시간을 쓰고 있다. 지금처럼 꾸준히 공부해서 40대가 된다면 깜짝 놀랄 만큼 유창하게 영어를 구사할 수 있게 될 것이다. 그리고 나면 또 무얼 공부할까? 스페인어를 공부해서 바르셀로나 해변에서 스페인 사람들과 스스럼없이 대화를 나누게 될지도 모른다. 하루 2시간 공부는 이렇듯 내 인생의 풍경을 바꿔준다.

하루 2시간의 노력은 매일 반복되는 일상 속에서도 무엇이든 배우고자 하는 직장인이나 주부들에게 특히 필요하다. 이 시간은 분명 삶의 활력소가 되어준다. 새로운 것을 배우려는 노력을 하지 않는 삶은 정체되게 마련이고, 아무리 돈을 좇는다고 해도 배움과 앎에 대한 목마름을 해소하지 않으면 행복을 느끼기 어렵다.

하루 2시간의 독서와 공부로 그 목마름을 채우자. 당장 오늘부터 하루를 돌아보고, 나도 모르게 낭비하고 있는 2시간을 찾아내보자. 어영부영 무의미한 일들에 시간을 흘려보내는 대신에 무언가를 창출할 수 있는 행동들을 하나씩 해보길 바란다. 세상이 변화하는 속도가 너무나 빨라 잠깐만 한눈을 팔아도 도태되는 일이 어색하지 않을 정도다. 이런 사회일수록 나만의 무기를 하나씩 장착해야 한다. 그리고 나를 키우는 데 하루 2시간이면 충분하다.

 죽을 만큼 바빠도 하루 24시간 중에 나를 위한 2시간은 반드시 있다. 나를 위로하고 지키는 무기를 장착하는 데 하루 2시간이면 충분하다.

—— 3장 ——

나는 이 공부법으로 의사가 되었다

INPUT과 OUTPUT의 합격 솔루션

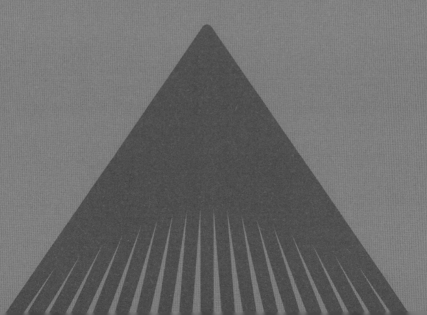

절대 배신하지 않는 공부의 기술

처음 책을 펼친 당신에게
목차 공부법

✦

어떤 책은 맛보고, 어떤 책은 삼키고,
소수의 어떤 책은 잘 씹어서 소화해야 한다.

| 프랜시스 베이컨 |

우리는 지금까지 본격적으로 공부를 시작하기 전 효과적으로 계획을 세우고 반복하는 공부 습관인 1/4/7/14 공부법에 대해 알아봤다. 목표와 계획, 그리고 공부할 자세를 갖췄다면 이젠 머릿속에 효과적으로 지식을 넣고(인풋), 필요할 때 당장 꺼낼 수 있는(아웃풋) 공부의 기술이 필요하다.

지금까지 열심히 공부해왔는데도 불구하고 성적이 오르지 않는다면 효과적으로 공부하고 있었는지 자신의 공부법을 돌아봐야 한다. 책상 앞에 앉아 계획한 대로 공부를 했다고 해도, 공부법이 잘못되었거나 자신에게 맞지 않았다면 투자한 것에 비해 좋은 성과를 내기 어렵다. 따라서 이번 장에서는 쪼개기와 반복의 기술을 토대로 나를 의사로 만들어준 공부법에 대해 살펴볼 것이다. 모든 공부법이 그러하듯 핵심은 '나에게 맞는, 필요한 공부법을 적용시키는 데' 있다. 따라서 앞으로 살펴볼 공부법을 실제 적용해보고, 나에게 딱 맞는 공부의 기술들을 흡수해가길 바란다.

목차를 따라 주제를 파악하라

어떤 시험을 준비하든 간에, 공부의 핵심은 내용을 효율적으로 파악해 머릿속에 저장하는 것이다. 그리고 내용을 가장 효율적으로 파악하는 첫 번째 방법은 주제를 중심으로 공부하는 것이다. 대개 기본서든 문제집이든 책을 펼치면 맨 앞에 목차가 나오는데, 이 목차는 항상 책에서 나오는 내용의 큰 주제부터 하위 주제를 담고 있다. 어떤 분야든 우리가 공부하는 과목에는 큰 주제가 있고, 그것이 또 하위 주제로 나뉘고, 그것이 또 세분화되면서 가지를 뻗어간다. 이 주제들을 도식화하면 마인드맵이 그려지는데, 이것을 이미지화해서 그림처럼 머릿속에 저장하면 전체적인 주제와 구조, 흐름을 파악하는 데 큰 도움이 된다.

이 공부법은 공부를 처음 시작할 때 주제의 흐름에 따라 목차가 구성돼 있는 기본서를 공략하기 좋다. 이 목차 공부법으로 공부할 때는 관습적으로 글자만 읽는 게 아니라 앞서 말한 마인드맵을 머릿속에 그리면서 읽는다. 목차의 구조가 체계적으로 잘 그려지면 개념 정리에 도움이 되고, 내용도 훨씬 쉽게 이해할 수 있다.

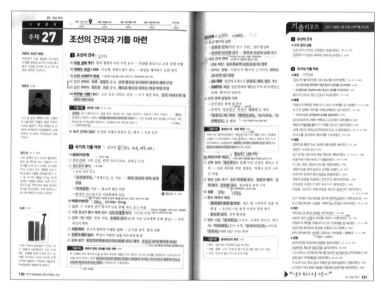

▲ 기본서의 목차 구성 페이지 예시
(『에듀윌 한국사 능력 검정시험 2주끝장 고급』, 한국사기출연구회 지음, 에듀윌, 2019)

책을 펼쳐보자. '조선의 건국과 기틀 마련'이라는 큰 주제 아래 하위 주제로 '조선의 건국'과 '국가의 기틀 마련'이 나온다. 첫 번째 하위 주제인 '조선의 건국'은 또다시 요동 정벌 추진, 위화도 회군, 신진 사대부의 분화, 과전법 시행이라는 네 개의 하위 주제로 나뉜다. 이때 큰 주제 아래 하위 주제가 네 가지 나온다는 것을 큰 주제 옆에 표시해두는 것이 좋다. 이후 복습할 때 주제만 봐도 바로 하위 주제를 떠올릴 수 있다. 이런 식으로 목차를 통해 기본서를 익힐 때는 큰 주제에서 하위 주제로 분화되는 커다란 구조를 파악하며 읽어나간다.

세 번째 하위 주제에서 더 깊게 파고 내려가면 온건개혁파와 급진개혁파로 나뉜 사람을 비롯해 외워야 할 세부 내용이 나온다. 외워야 하는 부분이지만 목차를 통해 구조를 파악할 때는 다 외우려 하지 말고 주제와 핵심 내용을 중심으로 빠르게 읽어나간다. 큰 주제인 '조선의 건국'과 관련된 주요한 네 가지 사건이 있었다는 정도만 이해해도 성공한 것이다. 이 목차 공부법의 핵심은 큰 주제에서 하위 주제들로 이어지는 큰 흐름들을 머릿속에 그려넣는 것이다. 따라서 당장 세부적인 내용들을 외워나간다는 느낌으로 공부하기보다 먼저 큰 흐름부터 파악하고 이후 세부적인 내용으로 넘어가면서 순차적으로 파고드는 게 좋다.

1회독의 목표는 단 20퍼센트

목차에 따라 공부를 시작한 이상, 한 번 읽은 내용을 머릿속에 다 넣겠다는 각오를 다질 필요는 없다. 단계별로 차근차근 해나가면 된다. 어떤 책이든 한 번 읽고 그 방대한 내용을 다 이해하고 외우는 것은 불가능하다. 처음부터 책에 나온 모든 내용을 외우려고 하면 부담이 크고, 머리가 지끈지끈해질 것이다. 겨우 두세 페이지 공부했을 뿐인데 직전에 외운 내용이 잘 생각나지 않아 끊임없이 전 페이지로 돌아가는 경우가 있는데, 그런 식으로 공부하면 공부했다는 성취감보다 방금 본 내용인데도 기억하지 못했다는 자괴감에 빠지기 쉽다. 세부적인 내용을 효과적으로 외우기 위해서는 주제들의 흐름을 파악하는 게 우선이다. 따라서 나는 목차를 중심으로 1회독을 할 때는 큰 주제를 중심으로 전체의 20퍼센트만 외우는 것을 목표로 한다.

이때 내가 기억해야 할 20퍼센트는 '가장 중요한 핵심 키워드'다. 다시 공부하는 책으로 돌아가보자. '국가의 기틀 마련'이라는 두 번째 큰 주제 아래 하위 주제로 '태조, 태종, 세종, 세조, 성종'까지 총 다섯 명의 왕이 등장한다. 이제 각자의 왕들이 행한 업적(세부 내용)을 살피면서 내가 기억해야 할 핵심 키워드를 체크하면서 읽어 내려간다. 태조 항목에서는 '조선 건국'과 '정도전' 키워드에 연필로 동그라미를 친다. 조선을 건국하고, 그 과정에서 정도전의 역할이 있었다는 정도만 외우는 것이다. 1회독을 할 때는 100퍼센트 다 외우려하지 말고 20퍼센트만 외우겠다는 느낌으로 이해하자. 외울 게 많지만 일단 '암기의 유혹'을 뿌리치고 기억해야 할 핵심 키워드만 표시한 후 읽어 내려가야 한다. 또한 핵심 키워드를 표시할 때는 보통 지울 수 있는 연필로 밑줄을 긋거나, 핵심 키워드만 여백에 메모해두는 것이 좋다.

공부를 재미있게 하기 위해서 가장 먼저 해야 할 일은 부담감을 내려놓는 것이다. 처음 책을 펼쳤을 때부터 모든 내용을 전부 외우겠다는 목표를 세우면 진도가 잘 나가지 않을뿐더러 본격적으로 공부를 시작하기도 전에 과도한 목표에 질식당할 수 있다. 따라서 1회독을 할 땐 마음을 편히 갖고 핵심 키워드를 중심으로 딱 20퍼센트만 외우자. 그다음 세부 내용들은 2회독, 3회독을 거듭하면서 전체의 40퍼센트, 60퍼센트까지 외워내면 된다. 회독을 거듭할수록 점점 이해의 폭을 넓혀서 10회독이 됐을 때는 100퍼센트를 다 흡수하고, 흡수한 것들을 내 안에 뿌리내리게 한다는 이미지를 상상하며 공부하자. 만약 오늘 목차 공부법으로 진도를 나갔다면, 반드시 자기 전 혹은 다음 날 아침에라도 반드시 복습을 해야 한다. 이 복습까지가 1회독이다.

암기에 스토리텔링을 활용하라

목차를 중심으로 전체적인 틀을 파악하고 항목별로 중요한 내용을 두세 가지 정도 이해했다면 1회독을 성공적으로 했는지 테스트해보자.

"태조, 태종, 세종, 세조, 성종, 이렇게 다섯 명의 왕이 있었어. 태조는 조선을 건국한 왕이고, 옆에는 항상 정도전이 있었지. 근데 정도전은 어떤 사람이었지? 아,『조선경국전』을 쓴 사람이지."

이와 같이 1회독의 성과를 테스트할 때는 스토리텔링을 활용한다. 이렇게 누군가에게 설명하거나 이야기를 들려주듯 읽어 내려가면 스토리와 함께 상황 자체가 입력돼 훨씬 오래 기억할 수 있다. 또한 귀로 한 번 더 들으면서 머릿속에 지식이 각인되는 효과도 더해진다.

회독을 반복하며 자기 나름대로의 스토리텔링을 통해 암기해보자. 그때 그 사건이 왜 일어났고, 그 인물들이 어째서 그런 선택을 했는지 등 마치 한 편의 드라마처럼 스토리를 가미하면 전체 내용이 훨씬 쉽게 외워지고 기억에도 오래 남는다.

큰 틀 안에서 디테일을 잡아나가라

공부할 때는 무턱대고 처음부터 전체를 외우려 들지 말고 틀과 뼈대를 잡는 게 중요하다. 큰 구체인 '조선의 건국과 기틀 마련'에 관해 큰 틀과 흐름을 익혔으니 이제 그림을 그려보자. 큰 주제에서 뻗어나간 하위 주제들, 또 거기서 뻗어나간 핵심 키워드들을 중심으로 대강의 윤곽을 그려보는 것이다. 굵직하게 대강의 윤곽을 먼저 그리면, 이후 세부적인 부분들을 채워 넣기 쉽다.

목차 속 큰 주제와 하위 주제들을 통해 내용의 커다란 구조 먼저 잡고, 그 안에서 디테일을 잡아 나가는 것이 목차 공부법의 핵심이다. 이렇듯 숲을 먼저 파악한 뒤 나무를 보는 방식의 공부법은 전체적인 큰 틀을 잡고 그 구조를 입체적으로 그려볼 수 있어 내용 이해에도 한결 도움이 되며, 내용을 훨씬 쉽고 빠르게 외울 수 있다.

Tip 책의 구조를 쪼개는 목차 공부법

① '큰 주제 - 하위 주제 - 핵심 키워드'의 구조를 파악하라
② 1회독의 목표는 20퍼센트로 잡아라
③ 암기에는 스토리텔링을 활용하라

외워지는 공부가 진짜 공부다
여백 공부법

기록해둔다. 이것이 해결법이다.
어딘가에 써두었다, 라고 생각하면 그것만으로도 안심이 된다.
| 도야마 시게히코 |

목차 공부법은 큰 주제에서 하위 주제, 세부 내용 순으로 파고 들어가는 공부법으로, 먼저 숲을 본 뒤 그 안의 나무를 보는 방식이다. 그래서 목차를 중심으로 1회독을 할 때는 20퍼센트 정도만 외우겠다는 편한 마음가짐으로 임하면 된다. 전체 구조를 파악하면서 큰 주제, 굵직한 내용들을 중심으로 읽어 내려가는 목차 공부법과 병행하면 효과적인 기술이 바로 '여백 공부법'이다. 여백 공부법은 하루

동안 공부한 내용을 자기 전에 복습할 때 써먹는 방법이다. 이 여백 공부법을 병행하면 공부한 내용을 숙지하는 데 큰 도움이 된다.

여백을 쪼개라 : 핵심만 메모하다

기본서를 읽으며 중요한 내용에 밑줄을 긋고 여백에 간단히 메모까지 했다면 하루를 마감하기 전에 반드시 이를 복습해야 한다. 이 복습에 필요한 것이 바로 여백 공부법이다. 앞서 우리는 목차 중심으로 내용을 훑어나가며 다시 살펴봐야 하는 핵심적인 부분에 연필로 밑줄을 긋거나 여백에 작게 메모를 해두었다. 이는 이후 복습할 때 시간을 단축시키고, 이미 공부했던 기본서의 내용을 다시 처음부터 훑을 필요 없이 중요한 부분들만 빠르게 살펴보는 데 아주 유용하다. 여백 공부법 역시 이 표시된 부분을 활용하는 방법이다.

먼저 순서가 중요하다. 전체적인 큰 주제와 하위 주제들을 쭉 읽은 후, 밑줄 친 부분들을 다시 한번 더 살펴본다. 그 후에 여백에 표시해둔 메모들을 읽는다. 그 후 연필로 표시된 부분들을 볼펜으로 다시 한 번 더 표시한다. 볼펜으로 한 번 더 진하게 표시하면서 핵심을 머릿속에 넣듯이 복습하는 것이 바로 '여백 공부법'의 핵심이다. '조선의 건국'이란 제목 아래 네 가지 하위 주제가 있었고, '요동 정벌, 위화도 회군, 신진 사대부의 분화, 과전법 시행'에 연필로 밑줄을 그어져 있다. 그렇다면 여백 공부법으로 복습할 때는 연필 아래 볼펜으로 다시 진하게 밑줄을 긋는다. 그러면서 내용을 읽는데, 이때는 텍스트들을 하나하나 눈에 새기는 듯한 느낌으로 읽는다.

만약 진도를 나갈 땐 '신진사대부의 분화' 정도만 읽었다면 밤에 여백 공부법을 통해 복습할 때는 그 세부 내용인 '온건개혁파'와 '급진개혁파'에 대한 간단한 내용까지 외워보는 게 좋다. 볼펜으로 중요한 부분에 밑줄을 긋거나 외워야 할 것들을 여백에 메모해두면 머릿속에 더 깊이 각인되는 효과가 있다. 실제로 자기 전에 읽거나 메모한 것은 기억에 조금 더 오래 남기도 한다.

1회독을 할 때는 여백 속 핵심에 주목한다

진도를 나갈 때는 '국가의 기틀 마련'의 하위 주제인 다섯 명의 왕과 관련해 핵심적인 것 두세 가지만을 외웠다. 자기 전 복습할 때는 아침에 외운 내용을 한 번 더 리마인드하면서 볼펜으로 중요한 포인트를 적어준다. 만약 연필로 미처 표시하지 못한 키워드가 있다면 바로 여백에 핵심 키워드를 정리해 넣는다. 이때, 외우려고 노력하면 좋고 외워지지 않는다면 눈에 조금 익숙하게 만드는 것까지만 해도 좋다. 그래서 자기 전 공부가 진도를 나갈 때보다 시간이 조금 더 걸린다. 이렇게 자기 전에 여백 공부법을 바탕으로 다시 리딩하는 것까지가 1회독이다.

여기서 더 세부적인 내용은 외우지 못해도 괜찮다. 2회독을 하면서 외우겠다고 생각하고 넘긴다. 1회독의 목표는 언제나 같다. 중요한 내용, 즉 전체 내용의 20퍼센트 정도만 외운다는 것을 목표로 하자. 1회독을 하며 활용하는 여백 공부법은 다음과 같다.

- 자기 전 핵심 키워드를 중심으로 반드시 복습한다.
- 연필로 표시된 중요한 부분에 다시 한 번 볼펜으로 표시한다.
- 놓친 핵심 키워드들을 뽑아 볼펜으로 여백에 정리한다.
- 볼펜으로 다시 정리하면서 키워드를 머릿속에 지식을 각인시키듯 암기한다.

세부적인 내용들을 공부하는 것은 2회독에서 하면 되므로, 1회독에서는 이 정도만으로 충분하다.

반복할 때는 필기한 부분만 본다

나는 공부하면서 형광펜, 밑줄, 메모 등을 많이 활용한다. 여백 공부법 또한 이에 최적화된 방법 중 하나로 중요하거나 반드시 기억해야 하는 내용을 여백에 적어두면, 회독을 거듭하면서 더욱 효과적으로 외울 수 있다. 이렇게 여백에 핵심들을 잘 정리해둔다면 공부하는 시간은 짧아지고, 학습 효율은 상당히 높아질 것이다.

뒷부분에서 자세히 다루겠지만, 형광펜으로 칠하거나 메모할 때도 중요도에 따라 순서를 둬야 한다. 분홍색 형광펜, 그다음은 노란색 형광펜, 그다음은 볼펜, 그다음은 연필, 이런 식으로 중요도를 설정해두면 시간이 없을 때는 중요한 부분만 보고 넘어갈 수 있기 때문이다. 이처럼 중요도에 따라 메모의 표시를 다르게 하면 급한 순간에도 효과적으로 복습할 수 있다.

 암기를 정복하는 여백 공부법

① 핵심을 볼펜으로 다시 메모하라
② 놓친 키워드는 볼펜으로 다시 정리하라
③ 회독을 거듭할 때는 필기한 부분만 봐라

INPUT 쪼개기의 기술 3
복습의 절대량을 쪼개라
키워드 공부법

✦

독서광은 한눈으로 여러 대목을 살피며 읽어낸다.
그리고 요점만 골라낸다.

| 에드거 앨런 포 |

키워드 공부법은 말 그대로 내용에서 중요한 키워드를 중심으로 공부하는 것이다. 이 방법은 텍스트의 양이 많은 분야를 공부할 때 아주 적합한 공부법으로 방대한 텍스트 중에서 반드시 머릿속에 넣어야 하는 것들을 효과적으로 짚어낼 수 있다. 사람의 뇌 용량과 기억에는 한계가 있기에, 복습해야 할 절대적인 분량이 많을 때는 무턱대고 읽는다고 다 외워지지 않는다. 이때 내용을 잘게 쪼개서 핵

심 키워드를 중심으로 공부하면 주요한 내용을 훨씬 효과적으로 파악할 수 있다.

더불어 책에 있는 방대한 양의 글을 읽고 이해한 뒤, 키워드를 중심으로 가장 중요한 핵심을 빠르게 파악할 수 있다면 전체적인 내용 이해 및 암기에도 상당한 도움이 된다. 이 방법을 응용해서 꾸준히 연습하면 집중력을 높이고, 핵심을 정확하게 파악할 수 있을 것이다.

효율 높은 암기법 : 키워드 중심

키워드 공부법은 목차 공부법과 여백 공부법을 병행하며 응용하면 좋은 효과적인 공부 방법이다. 공인중개사 공부를 한다고 가정해보자.

---

(2) 임대료보조정책 - 주택보조금정책

① **의의** : 주택보조금정책은 일반적으로 '임대료보조정책'을 말한다. 임대료보조정책은 저소득층의 주택문제를 해결하기 위해 일정수준 이하의 저소득층에게 정부가 무상으로 임대료의 일부를 보조해 주는 것을 말한다. 이는 정부의 간접적인 개입에 해당한다.

---

② **수요측 보조금** : 수요측 보조금은 주택임차가구의 주택부담 능력을 높여주기 위해 지급되는데, 가격보조(임대료보조, 집세보조)방식과 소득보조방식이 있다. 주택바우처(housing voucher)는 임대료보조 정책의 하나이다.

　㉠ **가격보조(임대료보조, 집세보조)방식** : 주택을 구입할 때만 보조를 해 주는 가격보조(집세보조)방식은 주택의 상대가격을 낮춤으로써 저소득임차가구의 주택소비를 증가시킨다. 주택소비증대라는 정책목표달성 측면에서는 가격보조방식 이 소득보조방식보다 우월하다.

　㉡ **소득보조(현금보조)방식** : 소득보조(현금보조)방식은 보조금을 현금으로 지급하는 방식으로 현금보조가 이루어지면 보조받는 저소득임차가구의 실질소득이 현금보조액만큼 증가한 것과 동일하므로 주택임차가구의 주택부담 능력이 높아지게 된다. 소비자 효용 측면에서는 소득보조방식이 가격보조방식보다 우월하다.

③ **공급측 보조금** : 주택생산자에게 낮은 금리로 건설자금을 지원하는 방법으로 생산비를 낮추는 효과가 있으므로 민간부문의 주택공급을 증대시키는 효과가 있다.

▲ 목차와 중요 키워드를 중심으로 핵심 내용을 체크한다

(『2019 에듀윌 공인중개사 1차 기초서』, 이영방·심정욱 지음, 에듀윌, 2018, pp.88~89)

역시 목차가 가장 중요하다. 큰 주제인 '임대료보조정책-주택보조금정책'이 나오고, 먼저 이를 정독하면서 '임대료를 보조해주는 정책이구나' 하며 의미를 확인한다. 그다음 목차를 보면 임대료보조정

책에는 '수요측 보조금'과 '공급측 보조금' 이렇게 두 가지가 있음을 알 수 있다. 그 내용들을 파악하면서 중요한 키워드들에 연필로 밑줄을 긋는다. 앞서 살펴본 목차 공부법에 따라 제목들만 먼저 보면서 기본적인 의미를 체크한다. 그런 후 각 항목들의 상세 내용들을 정독해준다. 수요측 보조금에서 알아야 할 핵심 내용 두세 가지 정도만 연필로 표시하고 넘어간다. 그다음 나오는 것들도 같은 방식으로 각 정책의 뜻과 관련된 항목들을 체크하고 넘어간다. 이런 식으로 오늘 목표한 양만큼 진도를 나간 뒤 자기 전에 다시 복습한다. 꾸준히 강조해온 대로 여기까지가 1회독이다.

이렇게 목차를 중심에 두고 핵심 키워드를 찾아내는 방식으로 공부하면 굉장히 빠르게 공부할 수 있고 키워드 중심으로 봤기 때문에 생각보다 많은 내용들을 머릿속에 입력할 수 있다. 이렇게 하면 전체 텍스트의 20퍼센트 이상은 외울 수 있다.

만일 오늘 이 과목을 20페이지 정도 공부해야 한다면 먼저 10페이지 정도만 리딩하고, 다시 앞으로 돌아가서 10페이지를 복습한다. 그리고 나서 20페이지까지 진도를 나가고, 다시 앞으로 돌아가 11페이지부터 20페이지까지 복습한다. 한꺼번에 20페이지의 진도를 다 나가기보다 10페이지 정도씩 나눠서 회독을 하는 게 내용을 이해하는 데 더 효과적이다.

20페이지까지 진도를 뺐다면 자기 전에 그 부분을 다시 펼친 뒤 여백 공부법을 활용해 연필로 밑줄을 쳤거나 여백에 메모해놓은 것들을 볼펜으로 덧칠하면서 복습한다. 1/4/7/14 공부법으로 복습할 때도 이런 방식으로 하면 시간을 절약할 수 있다.

키워드 암기도 스토리가 우선이다

키워드 공부법의 장점은 표시해둔 핵심 키워드를 중심으로 그 내용을 효과적으로 암기할 수 있다는 것이다. 무턱대고 책 속 모든 문장에 밑줄을 그어가며 읽는 것보다 키워드를 짚어 이를 중심으로 스토리를 만들어 외우는 것이 훨씬 기억에 오래 남는다. 한 예로 암기 과목의 경우 단순하게 초성을 따서 외우는 방법은 추천하지 않는다. 이는 아무리 기억력이 좋아도 오래 남지 않을 뿐더러 시간도 오래 걸린다. 따라서 뭔가를 외울 때는 피상적으로 글자만 외우는 게 아니라 최대한 그 내용을 이해하는 것이 중요하다. 그래야 기억 속에 오래 남는다.

가령 '위화도 회군'과 이 사건이 있었던 '1388년'이라는 두 키워드를 외우고 싶다면, '이성계를 비롯한 13명의 사람들이 88올림픽의 행군처럼 회군했다'처럼 스토리를 부여해 스스로를 이해시켜 암기해보자. 암기한 후 복습할 때도 똑같이 그 내용을 복기하면 기억이 굉장히 오래 지속된다.

　이번엔 프랑스 혁명을 예로 들어보자. 프랑스 혁명이 시작된 '1789년'을 외우고 싶다면 '성인이 되기 전인 17세에서 90살이 되기 전인 89세까지 동참해서 이룬 시민혁명이다'라고 이해한 뒤에 스토리를 부여해 암기하는 것이다. 복습할 때도 마찬가지로 17~89세까지의 시민혁명이라고 외우자. 분명 이 기억은 머릿속에 오래 머물 수밖에 없다.

　이런 식으로 키워드를 중심으로 암기를 할 때는 이해한 내용을 바탕으로 나만의 스토리를 만들어 보는 것이 중요하다. 처음엔 어색하겠지만, 익숙해지는 순간 나만의 스토리들가 점점 늘어나고, 손쉽게 스토리를 만들어내는 나 자신을 발견하게 될 것이다.

진도보다 복습의 효율에 집중하라

　공부할 때 진도를 많이 빼는 데 집착하는 사람이 생각보다 많다. 이는 오늘 공부한 분량 그 자체가 '내가 오늘 열심히 공부했다'를 증명하는 가장 확실한 증거가 된다고 믿기 때문이다. 공부는 시험에서 좋은 성적을 얻기까지 그 성과를 눈으로 확인하기 상당히 어렵다. 그러나 과연 진도를 많이 나갔다고 해서 오늘 열심히 공부했다고 평가할 수 있을까? 정말 진도를 빨리 나가는 게 실제 공부하는 데 큰 효과를 가져다줄까? 만약 하루를 온전히 바쳐 300페이지나 되는 문제집을 전부 봤다고 해보자. 300페이지에 담긴 내용 중에서 과연 얼마나 기억할 수 있을까? 아마 그중 10퍼센트도 기억하기 어려울 것이다. 아주 특별한 지능을 지닌 천재가 아니라면 300페이지나 되는 내용을 다 기억하기는 불가능하다.

음식도 과하게 먹으면 소화불량에 걸리듯 공부도 마찬가지다. 한꺼번에 너무 많은 내용을 입력하다 보면 정작 무엇을 공부했는지 하나도 기억나지 않는 일이 발생한다. 하루를 다 써서 책 한 권을 읽었는데 정작 기억에 남는 것이 없다면, 그야말로 헛공부를 한 것이 된다. 요령 없이 공부한 탓이다.

사람의 기억력, 즉 인간의 뇌에는 한계가 있기에 한번에 많은 양을 몰아서 담으면 그중 대부분은 기억하지 못한다. 따라서 효과적인 공부는 학습량이 아닌 효율적인 복습에 달려 있다.

구독자 중에 세무사를 꿈꾸며 열심히 공부하고 있음에도 좀처럼 원하는 결과가 나오지 않아 고민하는 분이 있었다. 이야기를 들어보니 그의 공부법 중 가장 문제가 되는 것은 바로 '복습'이었다. 진도를 나가는 것에만 집중하다 보니 복습을 통한 반복 학습을 소홀히 했고, 당연히 전체적인 문맥을 이해하면서 중요한 키워드들을 짚어내는 과정이 빠져 있었다.

어느 날 내 영상을 보던 그는 진도 나가는 것에 급급해 복습을 소홀히 했다는 사실을 깨달았다고 한다. 그렇게 효율적으로 복습하는 방법에 대해 조언을 구하기 위해 나에게 연락을 한 것이다. 그가 준비하고 있던 시험은 '세무회계시험'으로 법을 공부해야 했기 때문에 그 양이 방대했는데, 양뿐만 아니라 세부 내용까지 모두 숙지하고 외우는 것 역시 매우 중요했다.

따라서 나는 먼저 목차 공부법, 여백 공부법 그리고 키워드 공부법을 통해 큰 주제—하위 주제—세부 내용으로 파고들면서 전체 구조를 이해한 뒤, 핵심 키워드를 중심으로 세부 내용들을 파악해 암기하는 방식을 제안했다. 무엇보다 복습하는 공부 습관이 없었기 때문에 복습을 통한 반복 학습의 중요성을 여러 번 강조했다. 그렇게 진도 나가는 데 급급했던 그녀는 과거의 공부법을 버리고 복습의 효율에 집중한 결과 지금은 시험에 당당히 합격해 세무사로 일하고 있다.

어떠한 공부를 하든 3일 전이나 1주일 전에 학습했던 것들을 반드시 다시 살펴보면서 기억을 되새길 필요가 있다. 기억이란 한 번 입력되었다고 해서 고정불변인 것은 아니기 때문에 언젠가는 사라지기 마련이다. 그래서 '기억의 골든타임'을 잡는 게 굉장히 중요하다. 하루가 지나기 전에, 그리고 3일 후에, 또 1주일이 지나서 주기적으로 기억을 되새기고 끌어 올리는 작업을 계속해야 한다. 기억의 골든타임이 끝나기 전에 기억을 높은 수준으로 끌어올리는 작업을 반복해야 망각을 막을 수 있다는 것을 잊지 말자.

공부의 성과는 진도를 많이 나가는 것이 아니라, 공부한 내용을 짧은 시간에 얼마나 효율적으로 머릿속에 입력할 수 있는가에 달렸다. 즉 주어진 시간을 효율적으로 쓰는 것이 복습의 관건인 것이다. 이는 공부에서 성과를 올리고 시험의 성패를 가르는 핵심 요인이 된다. 그러니 진도 나가는 것에 집착하지 말고, 핵심 키워드를 중심으로 복습함으로써 시간을 효율적으로 쓰고 배운 것을 제대로 이해하고 암기하는 데 집중하자.

Tip 복습의 절대량을 줄이는 키워드 공부법

① 목차를 중심으로 핵심 키워드를 파악하라
② 키워드를 암기할 땐 스토리를 입혀라
③ 진도보다 복습의 효율에 집중하라

INPUT 쪼개기의 기술 4
취약 과목을 정복하는
단타 공부법

더욱 잘 이해하기 위해 우리는 다시 읽는다.

| 에밀 파게 |

"공부가 하기 싫을 때는 어떻게 해야 할까요?"

"싫어하는 과목은 어떻게 공부하면 좋을지 모르겠어요."

"이 과목은 왜 이렇게 정이 안 가나 모르겠어요."

이런 고민을 토로하는 사람들이 많다. 공부하기도 싫은데 대체 싫어하는 과목은 어떻게 공부해야 하는지를 모르겠다는 것이다. 이럴 때는 단타 공부법이 도움이 된다. 싫은 일을 해야 한다고 생각하면 일단 미리부터 질려버린다. 하지만 싫다고 피할 수만은 없기 때문에 기왕 하는 거 아주 짧은 시간에 끝내겠다는 마음가짐을 가지고 한번 도전해보자.

나는 어렸을 때부터 영어를 무척 싫어했다. 전형적인 이과형 인간이라 그런지 수학, 과학은 좋아했던 반면 언어영역, 특히 외국어는 유독 맞지 않았다. 당연히 성적도 좋을 리 없었다. 그러다 대학생이 되어서야 영어의 재미를 알게 됐고, 그제서야 영어에 재미를 붙일 수 있었다. 이때 도움을 준 것이 바로 단타 공부법이고, 이 방법으로 나는 영어 단어장을 완전히 씹어 먹었다.

하루에 세 번,
싫어하는 과목일수록 짧게 쪼개서 반복하라

싫어하는 과목을 공부할 때 가장 좋은 방법은 짧게 끊어서 여러 번 반복하는 것이다. 마치 야구에서 효율적으로 주자를 진루시키기 위해 치고 빠지는 단타처럼 말이다. 나의 경우 만일 하루에 10시간을 공부한다면, 그중 3시간 정도를 내가 가장 싫어하는 과목인 영어에 할애하기로 정한다. 다만, 3시간을 연속으로 공부하는 게 아니라, 1시간씩 세 번으로 쪼개서 공부한다. 3시간 동안이나 싫어하는 영어를 공부해야 한다면 마음의 부담이 크지만, 1시간 정도라고 생각하면 보다 가벼운 마음으로 임할 수 있다.

하루에 영어 단어 100개를 외운다는 목표를 정했다고 해보자. 아침 1시간 동안에 단어 100개를 후루룩 보고, 점심과 저녁에도 마찬가지로 1시간씩 공부한다. 짧은 시간 동안 자주 반복하면 아무리 어렵고 많은 내용이라도 이제야 조금씩 알 것 같은 느낌이 든다. 사람도 자주 만나면 왠지 모르게 익숙해지고 친근감이 드는 것처럼 말이다.

또한 단타 공부법을 활용할 때는 공부량을 알맞게 조절해야 한다. 흥미를 느끼고 좋아하는 과목이라면 하루에 50페이지 정도의 진도를 나가도 좋다. 하지만 싫어하는 과목이거나 도무지 재미를 느끼지 못하는 과목이라면 그 절반 정도 양인 20페이지에서 25페이지 정도의 진도만 나가도록 하자. 그리고 아침, 점심, 저녁, 하루에 세 번 정도 나눠서 반복한다. 이런 식으로 공부하는 분량과 시간의 부담을 줄이면 진입 장벽이 낮아져 거부감도 함께 줄어든다. 또두세 번 반복하다 보면 책의 내용이 머릿속에 조금씩 흡수되는 느낌이 든다. 바로 그때부터 약간의 흥미가 생겨난다. 무엇이든 잘 모를때는 어렵고 재미없지만, 조금 이해하고 알게 되면 재미가 생겨나는 법이다.

싫어하는 과목일수록
공부의 60퍼센트를 복습에 투자하라

나는 영어를 썩 좋아하지 않았기 때문에 특히 영어 단어를 외울때 항상 이 단타 공부법을 활용했다. 오늘 외워야 할 단어의 분량을 설정하고, 하루 세 번 정해둔 분량의 단어장을 본다. 배운 것을 제대로 이해하고 외우는 데 복습만큼 좋은 방법은 없기 때문이다. 이렇듯 단타 공부법은 공부 시간을 짧게 쪼개서 학습한 내용을 여러 번 반복하며 조금씩 이해하고 암기해나가는 효과적인 복습법이다. 싫어하는 과목일수록 공부 시간의 절반 이상을 '복습'에 투자한다면 보다 빠르게 내용을 이해하고 흡수할 수 있다.

링컨이 이런 말을 했다.

"나에게 나무를 베는 데 1시간이 주어진다면, 나는 도끼를 가는 데 45분을 쓸 것이다."

내가 권하는 공부 방법도 이와 같다. 나에게 주어진 공부 시간이 10시간이라면 나는 6시간을 복습하는 데 투자한다. 공부 시간 중 적어도 60퍼센트는 복습하는 데 투자해야 공부한 내용을 제대로 이해하고, 암기할 수 있다.

싫어하거나 취약한 과목을 공부할 때도 마찬가지다. 무엇이든 복습을 거듭할수록 내용이 더 잘 이해되고, 암기량이 늘어나기 마련이다. 따라서 지치기 전에 싫어하는 과목을 정복하기 위해서는 정해진 공부 시간의 60퍼센트를 복습에 투자하는 것이 중요하다. 때문에 단타 공부법에서도 취약 과목에 주어진 시간을 삼등분하여 첫번째 시간에는 진도를 나가고, 남은 두세 번째 시간에는 복습하기를 권하는 것이다. 반복되는 복습의 지난한 과정을 극복해낼 때, 비로소 조금씩 지식들이 쌓여간다는 것을 느끼게 되고 차츰 그 과목에 흥미를 붙이게 될 것이다. 흥미가 일단 붙고 나면 그 과목에 대한 접근이 한결 쉬워진다. 어느 정도 실력이 붙은 후에는 단계를 하나 올려 심화된 내용이나 문제집을 병행하면 더욱 좋다. 취약한 과목일수록, 싫어하는 과목일수록 최소 하루 세 번 이상 짧게 공부하는 습관을 만들어보길 바란다. 어느새 싫어했던 과목들에 흥미를 느끼고 덩달아 자신감까지 붙은 자신의 모습을 발견하게 될 것이다.

확신과 믿음만큼 좋은 동력은 없다

사실 공부에 있어 가장 중요한 것은 '포기하지 않고 해낼 수 있다'는 확신과 믿음이다. '토익 시험을 준비해야 하는데 이런 기본서를 붙들고 있어도 될까?', '지금 공부한다고 과연 성적이 오를까?' 공부를 하다보면 이런 걱정과 불안, 자기 실력에 대한 의심에 쉽게 휩싸인다. 이때 필요한 것이 바로 앞서 말한 '나는 포기하지 않고 해낼 수 있다'는 확신과 믿음을 갖는 것이다. 하지만 이런 확신은 과연 어떻게 가질 수 있을까?

가장 좋은 방법은 나 자신을 믿는 것이다. 오늘 나는 힘들어하던 과목을 세 번에 걸쳐 살펴봤고, 마지막으로 살펴봤을 땐 밑줄 친 키워드만 봐도 세부 내용을 읊을 수 있을 정도로 머릿속에 내용이 확실하게 입력됐다는 게 느껴졌다. 바로 그 느낌을 믿는 것이다. '내가 공부한 만큼 반드시 성적이 오를 것이고, 고로 나는 합격할 수 있다'는 확신을 마음 속 깊이 심어보자. 이런 확신은 자기 주문의 효과도 있기 때문에 실제로 자신감이 생기고 실력 발휘에 큰 도움을 준다.

또 내가 펼친 기본서를 믿어보자. 어떤 과목이든 기본서를 여러 번 반복해서 공부하면 성적이 오를 수밖에 없다. 마치 토대가 탄탄하게 지어진 집은 어떤 풍파에도 쓰러지지 않는 것처럼, 목차라는 튼튼한 뼈대 위에 기본 지식들이 잘 정리되어 있는 기본서를 잘 독파했다면 이후 심화 학습이나 문제집 풀이로 넘어가기 한결 쉬워진다. 만약 열심히 공부했는데도 성적이 오르지 않는다면, 내가 기본서에 충실했는지 한 번 돌아보기를 바란다. 이처럼 공부하기로 마음을 정했다면, 의심은 잠시 거두고 '공부하는 나 자신'과 '내가 선택한 기본서'를 믿어보자. 나는 내가 믿어준 만큼 성장하고 나아갈 것이다.

급할수록 돌아가라, 가장 빠른 공부법은 '복습'이다

싫어하는 과목을 공부할 땐 문제 풀이나 심화 학습으로 넘어가기 전에 반드시 내가 선택한 책 한 권을 완전히 독파해야 한다. 집어 든 책조차 제대로 보지 않은 상태에서 다른 교과서나 참고서를 보기 시작하면 공부해야 할 양도 많아지고 산만해지기 때문이다. 그렇게 되면 정작 한 권도 제대로 공부하지 못한 채 우왕좌왕하다 끝날 수 있다. 급할수록 돌아가라는 말도 있잖은가. 복습하는 데 시간을 쓰면 진도를 빨리 빼지 못해 공부 속도가 더뎌질 것이라는 걱정은 버리자. 가장 빠른 공부 방법은 복습을 제대로 하는 것이다.

빨리 진도를 나가야 한다는 불안감을 버리고, 차근차근 마스터한다는 마음을 먹는 게 중요하다. 공부한 것을 씹어 먹겠다는 결심으로 기본서를 다섯 번 이상 보자. 여러 번의 반복 학습을 통해 내용을 완전히 내 것으로 만들고 나면, 어떤 시험이든지 합격할 수 있다.

싫어하는 과목을 정복하는 단타 공부법

① 계획한 공부 시간을 세 번으로 쪼개라
② 그 세 번 동안 '진도-복습-복습'을 행하라
③ 싫어하는 과목일수록 복습에 60퍼센트를 투자하라

2개월 완성 취약 과목 마스터 엑기스 노트 정리법

✦

메모는 메모하는 짧은 순간만을 위한 것이 아니다.
메모는 다시 읽어보고 활용하기 위한 것이다.

| 사카토 켄지 |

공부할 때 가장 중요한 시기는 두말할 것도 없이 시험이 코앞까지 다가와 있을 때다. 이른바 발등에 불이 떨어진 시기로, 남아 있는 짧은 시간 동안 얼마나 효과적으로 인풋하느냐가 합격 여부를 결정한다. 이번 공부법은 시험을 두 달여 앞둔 시점에서 취약 과목을 마스터할 수 있는 '엑기스 노트 정리법'에 대해 알아볼 것이다. 이 두 달 남짓한 시간을 어떻게 보내느냐에 따라 결과에 상당한 차이가 생

기므로 이 공부법에 눈을 크게 뜨고 집중해보길 바란다.

취약한 과목 2개만 집중적으로 파라

시험이 코앞으로 다가와 있다면 먼저 가장 약한 두 과목을 선택하고 두 달 동안 이 과목만 집중적으로 파고드는 공부를 해야한다. 전 과목을 다 공부하겠다는 생각에 욕심을 부리면 이도 저도 안 되는 상황이 올 수 있다. 모든 일에는 선택과 집중이 필요한 것처럼 공부 역시 무리한 욕심을 내 이것저것 찔끔거리다 하나도 제대로 못하는 우(愚)를 피해야 한다.

만약 단일 과목을 공부한다면 그 과목을 구성하고 있는 여러 파트 중 가장 취약한 두 파트만 선택해 집중적으로 파고든다. 예를 들어 공인중개사시험을 보는데 '부동산공법'과 '부동산공시법 및 세법'이 가장 약하다면 두 달 동안 1/4/7/14 공부법을 유지하면서 이 두 과목만 회독을 거듭하며 공부하는 식이다. 만약 1/4/7/14 공부법의 복습량이 부담스러운 사람들은 취약한 두 과목에 한해 1/7/14 공부법을 활용해도 괜찮다. 앞으로 두 달, 딱 두 과목만 정복해보겠다는 마음을 먹고 집중 공략해보자. 과목을 선택했다면, 이제 어떻게 공부하면 좋을까?

주기적인 반복 학습과 노트 정리 병행하기

공부할 과목을 정했다면 선택한 교재와 함께 노트 한 권을 준비한다. 이번 엑기스 노트 정리법의 핵심은 1/4/7/14 공부법을 변형하여 1회 통독을 마친 후, 2회 통독 때부터 엑기스 노트를 작성한다.

1/4/7/14 공부법 혹은 1/7/14 공부법을 활용한다

교재를 선택했다면 1/4/7/14 공부법에 따라 두 달에 맞춰 학습량을 분배하면서 공부 계획의 큰 뼈대를 잡는다. 이때 중요한 것은, 이 두 달 안에 과목당 2회 통독이 가능하도록 계획을 세워야 한다는 점이다. 기본적인 공부 방식의 틀은 1/4/7/14 공부법과 동일하다. 다만 다른 점이 하나 있다면, 공부한 책뿐만 아니라 노트에 오늘 공부한 분량을 별도로 표시를 해둔다는 것이다.

1일차에 무슨 과목을 어디서부터 어디까지 공부했는지 과목과 진도를 표시해두는 것이다. 이렇게 별도로 노트에 정리해두는 이유는 노트만 봐도 어디까지 공부했는지 빠르게 파악하기 위해서다. 만약 오늘 80쪽부터 117쪽까지 공부했다면, 노트에 공부한 일차를 적고 '80~117'이라고 적는 것이다. 이런 식으로 노트에 공부한 분량을 정리해가면서 1/4/7/14 공부법을 따라 공부한다.

우리는 앞서 두 달 동안, 두 과목을 2회 통독 할 수 있도록 계획을 짰다. 따라서 1/4/7/14 공부법의 복습량은 너무 많을 수 있다. 혹 하루 복습량이 내가 감당할 수 있는 양보다 많다면 1/7/14 공부법으로 변주를 주는 것이 좋다. 1/7/14 공부법 역시 기본적인 복습주기는 1/4/7/14 공부법과 동일하다. 다만 1일차 복습이 시작되는 날이 4일차가 아닌 7일차가 되는 것이다. 이처럼 복습의 주기가 조금 길어진 것뿐 달라진 것은 없으니 나머지도 1/7/14 공부법 일정에 맞춰 조정한다.

자기 전 복습에 집중하라

이 엑기스 노트 정리법은 단 두 달 안에 2회 통독을 마쳐야 하기 때문에 하루 학습량이 상당히 많아진다. 또한 1/7/14 공부법을 통해 복습을 할 경우, 그 주기가 길어지기 때문에 복습하는 데 시간이 더 걸릴 것이다. 따라서 어느 때보다 자기 전 복습이 매우 중요하다.

평상시 자기 전 복습 때 진도를 나가며 표시해둔 부분들을 위주로 여백 공부법에 따라 복습했다면, 두 달 동안 집중적으로 공부할 때는 진도를 나가면서 자기 전에 살펴봐야 하는 내용들을 미리 정해두는 것이 좋다. 이해가 가지 않았던 부분들, 복잡하여 한 번에 암기하기 어려운 단어들에 별 혹은 세모 등 나만 알아볼 수 있는 표시를 해두는 것이다. 나는 별도로 노트에 키워드만 따로 정리하곤 하는데, 각자의 패턴에 맞는 방식을 선택하는 것이 중요하다. 이때 노트에 정리한 내용들은 단순히 자기 전 복습 때 살펴보는 용도일 뿐 엑기스 노트는 아니다. 엑기스 노트 정리법은 2회 통독 주기에서 더 자세히 살펴볼 것이다.

반복 학습을 통해 암기력을 높이자

2일차에는 전날 자기 전에 복습하면서 다시금 표시한 부분들을 중심으로 간단하게 복습해준 뒤 진도를 나간다. 이런 식으로 공부하면서 7일차를 맞이하는 날, 1/7/14 공부법에 따라 1일차의 내용을 복습해줘야 한다. 1일차에 공부하면서 교재에 중요하다고 표시한 부분이나 자기 전 복습하기 위해 별도로 메모해둔 내용을 중심으로 복습하고, 7일차의 진도를 나간다. 그리고 14일차가 되면 1일차 내용을 한 번 더 복습해주고 진도를 나간다. 이런 식으로 공부했던 내용을 주기적으로 되짚어주며 뇌를 자극하면 암기의 효율이 오르고 더 오래 기억에 남는다. 앞서 우리는 두 달 안에 두 과목을 2회 통독 할 수 있도록 계획을 세웠다. 만약 17일차 때 1회 통독이 마무리되도록 계획을 세웠다고 해보자. 그러면 18일차가 되었을 때는 앞서 1회 통독을 진행한 것과 동일한 방법으로 다시 공부를 시작하되,

하루 공부량을 두 배로 늘린다. 통독은 거듭할수록 주기를 단축시키는 것이 중요하다. 18일차에 들어서 2회 통독을 시작했다면, 바로 지금부터 엑기스 노트 정리를 시작한다.

엑기스 노트엔 딱 세 가지만 적어라
: 중요한 부분, 외우지 못한 부분, 틀린 부분

2회 통독을 할 때 중요한 것은 이때부터 본격적으로 엑기스 노트를 정리한다는 점이다. 우리는 이미 한 차례 1/7/14 공부법을 통해 이 기본서의 내용을 어느 정도 알고 있고, 핵심 키워드를 중심으로 일부 내용들은 외운 상태일 것이다. 이때 노트를 펼쳐 지금까지 공부하면서 단원별로 내가 몰랐던 내용과 중요해서 밑줄 쳐둔 내용, 그리고 문제를 풀며 틀렸던 내용을 적는다. 샘플 교재와 엑기스 노트 예시를 살펴보면서 그 방법을 자세히 알아보자.

교재를 펼치고 가장 큰 제목, 즉 대주제 '01. 생물의 특성'을 적는다. 그리고 하위 주제 'A. 생물의 특성'도 적는다. 그런 다음 공부하며 교재에 적어두었던 키워드들을 중심으로 노트에 다시 한 번 적으면서 내용을 머릿속에 각인시킨다. 이때 요령이 있는데 노트 한쪽에만 필기해 그 옆으로 최대한 여백을 둔다. 노트를 절반 정도 나눈

("완자 고등 생명과학 1』, 김미경 지음, 비상교육, 2018)

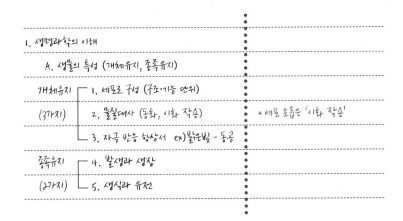

▲ 엑기스 노트 정리 예시

다고 생각하고 왼쪽에만 적는 것도 방법이다.

이렇게 여백을 많이 두는 이유는 문제를 풀면서 틀린 내용을 노트에 정리하기 위해서다. 모의고사라든지 다른 문제집을 풀면서 틀렸던 문제들 중 오늘 공부하는 단원에 해당하는 부분이 있다면 이 여백에 옮겨 적으며 내용을 보충한다. 이런 식으로 한 번 틀렸던 부분을 다시 살펴볼 수 있도록 정리한다. 노트의 여백에 적으면 좋고, 여백이 부족하다면 포스트잇을 활용해도 좋다.

2회 통독을 하면서 몰랐던 내용, 밑줄 친 내용, 문제를 풀며 틀렸던 내용들이 한 권의 노트에 싹 정리되면 그야말로 엑기스 오브 엑기스가 담긴 노트가 완성된다. 시험을 치를 때 이 노트만 들고 가면 걱정할 것 없다. 가장 중요한 핵심 키워드, 내가 아직 외우지 못한 부분, 그리고 틀렸던 부분들이 한 권의 노트에 일목요연하게 정리되어 있기 때문이다. 이렇게 두 달만 공부해보자. 자연스레 합격에 가까워질 것이다.

Tip 2개월 완성 취약 과목 공부법

① 1/7/14 공부법으로 계획을 세워라
② 2회 통독 때부터 엑기스 노트를 정리하라
③ 노트엔 딱 세 가지만 적어라
   (중요한 부분, 외우지 못한 부분, 틀렸던 부분)

사고력과 집중력을 향상시키는 독서 공부법

필기는 정확한 사람을 만들고, 담론은 재치 있는 사람을 만들며,
독서는 완성된 사람을 만든다.

| 프랜시스 베이컨 |

어떤 분야의 공부를 하든지 기본적으로 필요한 것은 언어 해독력이다. 문제를 이해하지 못한다거나 서술형으로 작성해야 하는 답변을 논리정연하게 쓸 수 없다면 아무리 열심히 공부했다고 하더라도 실력을 발휘하기 어렵다. 학창 시절에도 성적이 우수한 학생들중 영어, 수학을 잘하는 반면 언어영역에 유독 약한 친구들이 있었다. 나도 그런 사람 중 한 명이었다.

이런 이들에게 기본적으로 필요한 것은 '읽기'와 '쓰기' 학습니다. 읽고 쓰는 능력이 좋아지면 언어에 대한 이해도가 월등히 상승하므로 당연히 언어영역의 성적도 잘 나올 수밖에 없다. 그리고 이것은 언어영역의 성적을 올려줄뿐더러 텍스트 해독력 자체를 높여 다른 과목을 공부할 때도 훌륭한 자원이 된다. 긴 지문을 읽고 빠르게 분석해내는 힘을 갖고 있다는 것은 어떤 시험을 준비하든 간에 좋은 성과를 거두는 '치트키'가 될 것이다.

언어영역 상위 1퍼센트, 독서 공부법의 비밀

나의 큰 매형은 언어영역 상위 0.38퍼센트 안에 든 수재였다. 나는 항상 언어영역에 고전했기 때문에 혹시 남다른 공부법이 있는지 매형에게 물어본 적이 있다. 당시 큰 매형의 대답은 의외로 단순했는데, 바로 독서와 글쓰기였다. 큰 매형은 어렸을 때부터 독서를 즐기시던 어머니의 영향으로 책을 즐겨 읽었다고 한다. 함께 책을 읽고 있으면 항상 어머니께서 질문을 하곤 하셨다고 한다.

"어떤 주인공이 제일 기억에 남니?"

"그 부분에서 넌 혹시 다르게 생각하지는 않았니?"

"책을 읽으며 느낀 점을 글로 써보는 건 어때?"

이런 질문들을 통해 단순 독서에만 머물지 않고 책을 읽은 후 생각을 정리하고, 그 생각을 글과 말로 표현하면서 더 깊이 있는 사고를 하게 된 것이다.

그가 강조했던 또 하나의 방법은 '반복해서 읽는 것'이었다. 그는 책이란 오묘해서 처음 읽을 때와 두세 번 읽을 때 보이는 것이 다르고, 매번 새롭게 느껴진다고 한다. 또 처한 상황이나 시기, 나이와 감정 상태에 따라 책을 보는 관점이 전혀 달라지기 때문에 그는 같은 책을 최소 네다섯 번, 유독 재미있는 책들은 열 번 이상씩 읽었다고 한다.

이렇게 책을 반복해서 읽는 습관은 공부에도 매우 좋은 영향을 미친다. 책을 많이 읽다 보면 텍스트 해독력이 좋아져 정확히 문맥을 파악할 수 있고, 글을 읽는 속도가 빨라져 당연히 시험을 치를 때 빠르고 정확하게 지문을 파악할 수 있다. 책 읽는 속도만 빨리지는 게 아니라 사고력, 상상력, 집중력도 좋아진다.

반복적인 독서와 더불어 큰 매형은 한글을 깨친 후부터는 꾸준히 일기를 썼다고 한다. 일기를 쓰려면 먼저 생각을 정리해야 하고, 흐름과 맥락을 고려해야 한다. 그러다 보면 논리적으로 사고하는 능력이 높아진다. 머릿속에 떠오른 생각들을 정리해 일목요연하게 글로 적는 연습이 자연스럽게 된 것이다.

집중력, 이해력, 기억력을 높이는 오감 자극 독서법

사람의 뇌는 쓰면 쓸수록 더 많은 자극을 받으며 발달하기 시작한다. 새로운 시냅스를 만들어내기도 하고, 신경망 또한 발달하게 된다. 몸의 근육도 쓰면 쓸수록 발달하는 것처럼 뇌 역시 쓰면 쓸수록, 자극하면 할수록 더 발달한다. 독서 역시 마찬가지다. 처음 독서를 시작할 땐 책을 읽다보면 이따금씩 '블랙아웃' 되는 경우가 있다. 눈은 적힌 활자를 따라 움직이고 있지만 집중력이 흐려진 탓에 무엇을 읽었는지 전혀 기억이 나지 않는다. 특히 책을 싫어하거나, 처음 읽는 사람들에게 이 순간이 자주 온다. 나 역시 독서 습관을 가지기 전까지는 이런 경우가 종종 있었다. 하지만 반복적인 독서를 통해 책에 흥미를 붙이기 시작하면 달라진다. 책을 읽으면 읽을수록 독서 역량이 향상되고, 스스로 더 효율적인 독서법을 터득해 나가게 된다. 지금부터 소개할 '오감 자극 독서법'은 내가 독서에 취미를 붙이고 반복적으로 책을 읽으면서 터득한 아주 효과적인 독서법이다.

우리의 뇌는 굉장히 특이하다. 공부하거나 뭔가에 집중할 때 오감을 다 만족시켜야 집중하기 좋은 상태가 되고, 또 암기에 최적화된 상태가 되기 때문이다. 영화 볼 때를 생각해보자. 일반적인 영화와 달리 4D 영화는 시각, 청각뿐 아니라 촉각까지 자극한다. 때문에 마치 영화 속 세상을 직접 경험하는 듯한 현장감을 느끼면서 영화를 더욱 생생하게 즐길 수 있다. 이렇게 온몸으로 체험한 영화는 당연히 내용도 훨씬 잘 기억에 남는다.

그렇다면 책은 어떨까. 책을 읽는 행위에는 오로지 글자를 통한 시각적 자극만 있다. 여기서 조금 더 발전시켜 머릿속으로 책의 내용을 상상해본다면 눈으로만 읽을 때와는 또 다른 느낌이 들 것이다. 『미움 받을 용기 2』를 예로 들어보자. 이 책에는 "그래 시작하는 것은 자네라네. 이해해주는 사람이 없어도, 동참해주는 사람이 없어도, 일단은 자네가 횃불에 불을 붙이고 용기를, 존경을 보여야 하네"라는 구절이 나온다. 이때 횃불을 들고 홀로 길을 걷는 모습을 마치 영화 장면처럼 상상하며 읽는다.

그러고 나서 두 번째 읽을 때는 중얼중얼 소리를 내서 읽는다. 텍스트를 눈으로 읽고, 머릿속으로 그림을 그리고, 입으로 내뱉고, 그 소리까지 들으니 한 번의 독서로 여러 감각이 자극되는 효과를 얻을 수 있다. 이런 식으로 최소 세 가지 이상의 감각을 쓰게 되어 집중력이 극도로 향상되는 것을 느낄 수 있다. 나는 이 방법으로 한 달 넘게 책 읽기를 연습했는데 집중력과 이해력이 눈에 띄게 향상되었다.

여러 권의 책을 읽는 것보다 한 권을 반복해 읽자

인문학적 소양을 넓히고 풍부한 지식을 쌓기 위해서는 다양한 책을 많이 읽으면 도움이 되는 것이 당연하다. 그러나 성적을 올리거나 시험에 합격하기 위해 공부를 할 땐 무조건 많은 책을 보는 것은 오히려 도움이 되지 않는다. 따라서 여러 분야의 책을 많이 봐야 한다는 강박으로 부담을 느낄 필요가 없다. 핵심은 얼마나 많은 책을 읽느냐보다 한 권의 책을 얼마나 제대로 읽느냐에 달려 있기 때문이다. 가장 좋은 방법은 다섯 번, 열 번에 걸쳐 여러 번 반복해서 보는 것이다.

이 독서법을 공부에 적용해도 마찬가지다. 가장 쉬운 기본서 딱 한 권을 펼쳐 들고 여러 번 반복해서 읽어본다. 기본 개념과 원리를 반복해 공부하면서 머릿속에 넣는다. 기본이 탄탄하게 자리 잡으면 그다음 단계에서도 내용이 빠르게 습득된다. 한 권의 책에 너덜너덜해질 때까지 공부하고, 그것을 마스터했다고 생각되면 다음 단계로 넘어간다.

이때 집중력을 얼마나 발휘하느냐에 따라 그 효과가 달라진다. 앞서 책 읽기를 강조한 것도 그것이 집중력을 높이는 데 큰 도움을 주기 때문이다. 합격점에 비해 턱없이 부족한 성적, 불안한 미래 때문에 마음이 흐트러져 있으면 아무리 책을 펼쳐도 내용이 제대로 들어오지 않는다. 그럴 때 괜스레 여러 교재를 펼치면 오히려 집중력만 흐트러진다.

공부에 집중이 잘 안 되고 마음이 불안할 때는 일단 기본서를 집어 들자. 이 책 저 책 옮겨 다니느라 에너지를 소비하는 대신 믿을 만한 녀석을 딱 한 권 정해서 파고드는 것이다. 과목마다 그런 교재를 한 권씩 정해 100퍼센트 내 것으로 만들겠다고 결심하면 산만해진 마음을 다잡는 데도 도움이 된다. 이런 마음가짐으로 그 책을 열 번, 스무 번 그냥 읽자. 하나의 단계에 최대한 집중해 그것을 마스터해야 다음 단계로 넘어갈 수 있다.

일단 한 권의 책을 마스터했다는 성취감이 상당한 에너지원이된다. '결국 해냈다'는 자신감, 포기하지 않은 자신에 대한 믿음이 공부의 튼튼한 도약대가 되어줄 것이다.

집중력과 사고력을 높이는 독서 공부법

① 최소 세 가지 감각을 활용해 독서해라
② 여러 권보다 믿을 만한 한 권에 집중하라
③ 반복해서 읽고, 쓰는 습관을 가져라

확실한 OUTPUT을 만드는 기술 1

60일 안에 모든 시험 정복하기 몰입의 기술

남이 한 번에 능하거든 나는 백 번을 하고,
남이 열 번에 능하거든 나는 천 번을 한다.

| 중용 |

대학교 3학년 시절 약 두 달 동안 토플 시험 준비를 한 적이 있다. 의학전문대학원에 진학하기 위해서는 토플 시험이 필수였고, 토익이든 토플이든 영어 공인 성적이 있어야 했기 때문이다. 당연히 영어와 의학전문대학원 입시 공부를 병행하는 것이 쉽지 않았다. 그 두 가지 시험만 준비하는 것이 아니라, 다니고 있는 학과 공부까지 해야 했기 때문이다. 한 과목만 공부하기에도 시간이 턱없이 부족한

데 무려 세 가지 공부를 병행해야 했기에 현실적으로 버거웠다.

일단 절대적인 시간이 부족했고, 체력에도 한계가 있었다. 나만 하루를 48시간으로 살 수도 없는 노릇이고, 무엇보다 과도한 중압감에 공부 효율이 생각처럼 오르지 않았다. 방법을 찾아야 했다. 자칫 우왕좌왕하다가 그 무엇도 제대로 못하고 시험을 망칠 위험도 있었다. 고민 끝에 찾아낸 방법은 바로 의전원 시험 준비하는 1년 중 두 달만 영어 공부에 올인하는 것이었다.

이때 시험 성적을 올린다는 목표에만 매달리면 자칫 공부 자체에 부담을 느껴 역효과가 날 수도 있겠다는 생각이 들었다. 이에 조금이라도 편안한 마음으로 공부에 임할 수 있도록 각오의 방향을 조금 달리했다. '영어에 익숙해져보자'라든가 '영어랑 친해지자'라는 식으로 마음가짐을 바꿔 공부에 대한 부담이 줄고 조금은 편안한 마음으로 공부를 시작했다. 일종의 마인드 컨트롤을 한 것이다.

딱한번, 공부에 미쳐라

13년 전, 아주 무더운 7, 8월 여름이었다. 당시 나는 친구와 합숙하며 토플에 올인했다. 새벽 6시에 일어나 밤 11시까지 학교 도서관에서 공부하고, 중간에 두세 시간 정도는 영어 학원에 다니고, 밤 12

시까지 리마인드하며 공부했다. 6시간 정도 자고 일어나 다음 날도 같은 식으로 일정을 보냈다. 대신 주말에는 조금 쉬어줬다. 하루에 적게는 12시간, 많게는 15시간 정도를 공부하는 데 썼다. 밥 먹고 자는 시간, 세수와 샤워 시간 빼고는 모든 시간을 영어 공부에 완전히 올인했다.

오로지 영어만 하다 보니 마치 외국인이 된 듯한 기분도 들었고, 스트레스가 심해서 밥을 먹다가 토하기도 했다. 지금 돌이켜보면 이때처럼 치열하게 공부한 시절이 있나 싶을 정도다. 재수생 시절이나 대학생 시절보다 더 열심히 공부했던 기억이 난다.

물론 힘들기도 했지만 이때의 경험 덕분에 나는 조금 더 단단해질 수 있었다. 한눈팔지 않고 내가 목표한 것을 달성하기 위해 극도로 집중하고 몰입하는 과정 자체에서 달콤한 성취의 희열을 맛봤다. 그래서인지 이후로 나는 시간을 낭비하는 것을 견딜 수 없게 되었다. 아주 작은 자투리 시간만 있어도 '저 시간이면 영어 단어를 몇 개는 외울 텐데'라는 생각이 자연스럽게 들고 실제로 세포들이 반응한다.

그뿐 아니다. 고도로 몰입하며 노력해본 경험 때문에 내가 마음먹고 노력하면 못할 일이 없다는 자신감도 생겼다. 사실 공부야말로 내 의지로 이룰 수 있는 가장 쉬운 성공이다. 직장의 구성원으로 일하거나, 돈을 벌거나, 사업을 할 때는 나 하나의 노력만으로는 안 되는 부분이 너무 많다. 다른 사람들과의 관계 속에서 일이 진행되고, 주변 여건도 따라줘야 하며, 운도 작용하는 등 여러 가지 변수들이 상당한 영향을 미친다. 반면 공부는 나 자신만 이기면 되는 상당히 단순하고 정직한 게임이다. 자신의 의지로 이뤄낼 수 있는 가장 쉬운 것 중 하나가 바로 공부다.

나는 지금도 시간만 주어지면 어떤 시험이든 합격할 수 있을 것 같은 자신감이 있다. 내 의지와 노력으로 원하는 결과를 만들어내고 성취해낸 경험이 내면에 단단히 뿌리를 내렸으며, 그것이 나 자신을 완전히 변화시켰기 때문이다. 의사가 되고 병원을 운영하면서 맞닥뜨린 여러 위기와 힘겨운 상황들을 담담하게 극복할 수 있었던 것도 이때 다져진 내면의 힘, 즉 나에 대한 믿음 덕분이다.

올바른 매뉴얼을 따라 하자

이런 경험을 통해 내가 내린 결론은 공부에도 올바른 매뉴얼이 중요하다는 점이다. 라면을 가장 맛있게 끓이는 법이 무엇일까? 바로 봉지에 나와 있는 조리법대로 끓이는 것이다. 제품을 만드는 이들이 수없이 많은 실험을 통해 최적의 조리법을 찾아서 적어놓은 것이니 말이다. 이 역시 라면을 맛있게 끓이기 위한 일종의 매뉴얼이다.

공부 방법도 마찬가지다. 분명 올바른 공부법이라는 것은 존재한다. "국영수를 교과서 위주로 예습, 복습을 열심히 했습니다"라는 서울대학교 입학생들의 합격 후기 레퍼토리처럼 이미 정해진 올바른 공부법을 잘 실천하기만 한다면, 어느 정도 성적은 오를 수밖에 없다. 하지만 여기서 의문이 생긴다. "나는 하라는 대로 다 잘 따라 했는데 왜 성적이 오르지 않는 걸까?" 하는 의문 말이다. 이유는 그 올바른 공부법을 나에게 맞게 손보지 않고 그대로 따라하려고만 했기 때문이다. 우리는 각자 서로 다른 실력을 갖추고 있다. 따라서 올바른 공부법이 갖추고 있는 틀 안에서 내 능력치에 맞게, 성향에 맞게 약간씩의 조정하는 과정이 필요하다.

내가 토플을 공부했을 당시로 돌아가보자. 토플은 듣기, 문법, 리딩, 쓰기 총 네 가지 파트로 구성되어 있었고, 내가 이 네 가지 파트 전부를 마스터하기엔 두 달이란 시간이 턱없이 부족했다. 그래서 나는 선택과 집중을 하기로 결심했다. 네 가지 선택지 중에서 내시간과 에너지를 쏟아 몰입했을 때 가장 성과를 많이 얻을 수 있는 딱 두 과목에 더 집중하기로 한 것이다. 그래서 나는 문법과 어휘에 집중하기로 했다. 리딩과 쓰기를 잘하기 위해서는 문법과 어휘부터 제대로 마스터 하는 과정이 필요하다고 판단했기 때문이다.

집중해야 할 파트를 정리했으니 실제로 공부를 시작하는 일이 남아 있다. 나는 큰 비중을 둔 파트에 더 많은 시간을 할애했는데,

하루 공부 시간인 12시간을 기준으로 문법과 어휘에 각 4시간씩 총 8시간을 투자했다. 특히 문법과 어휘를 공부할 땐 학원에서 배운 내용을 철저하게 복습할 뿐 아니라 단원마다 나오는 문제 유형들까지 완전히 장악하며 공부했다. 이 방법으로 한 달 동안 3회독을 마쳐 정말 책이 너덜너덜해질 정도로 공부했다.

이처럼 나는 집중해야 할 과목을 정하고 이를 우선순위로 올린 뒤, 정해진 시간 동안 완벽하게 몰입하는 '나만의 공부 매뉴얼'을 써 내려갔다. 주어진 60일을 최대한 활용할 수 있도록 60일 과정으로 정리된 교재를 구입했으며, 한 달 안에 무조건 1회독을 해낼 수 있도록 하루에 이틀치를 공부했다. 또한 단어를 외울 땐 반드시 소리 내 읽으며 외웠고, 전날 외운 내용은 반드시 다음 날 아침 복습해주었다. 이런 식으로 나 스스로 몰입할 수 있는 '나만의 공부 매뉴얼'을 만들어냈다.

작은 성취감이 나를 발전시키는 힘이 된다

하루 13~15시간씩 공부를 하다 보니까 오히려 불안한 마음이나 잡생각이 전혀 들지 않았다. 눈을 가린 채 앞만 보고 달리는 적토마가 된 기분이었다. 몸과 머리가 움직이는 대로 공부했다. 처음 토플 공부를 시작할 때는 200점대였고, 3주 정도 공부하고 220점 정도가 나왔다. 5주 차에는 240점, 마지막에 270점 정도가 나왔다.

그렇게 약 두 달 동안 70점가량 성적이 오르니 당연히 성취감도 찾아왔다. '노력하면 해낼 수 있구나' 하는 자기 믿음이 생기면서 자신감도 커졌다. 나에 대한 믿음과 성취감이 의학전문대학원 시험을 준비하는 과정에서도 나를 지탱하는 든든한 에너지원이 되어주었다. 그 두 달의 경험과 기억들이 자신감으로 이어졌고, 다른 시험을 준비할 때도 굉장히 긍정적인 효과로 다가왔다.

우리가 100년을 산다고 생각하면 두 달은 꽤 짧은 시간이다. 하지만 그 두 달이 인생 전체를 바꾸는 아주 중요한 시기가 될 수도 있다. 무아지경에 빠질 정도로 어느 하나의 공부에 매진하고, 그 안에서 몰입을 경험하는 것은 성적을 올리는 가시적 성과 외에도 많은 것을 가져다준다.

사람들은 누구나 투자하는 시간만큼 거기에 따르는 보상과 결실을 얻고자 한다. 그리고 그러한 보상과 결과를 얻었을 때 느끼는 성취감과 희열은 인생을 살아가는 데 아주 중요한 에너지원이 된다. 성공도 습관이라는 말처럼, 크든 작든 쉽게 포기하지 않고 목표한 바를 이뤄낸 사람들은 그러한 성공의 경험이 몸과 마음에 각인된다. 그래서 포기의 경험이 쌓인 사람들은 습관처럼 매번 포기하고, 이뤄내려 애쓰는 사람들은 그만큼 성공의 확률도 높다.

스스로 이뤄낸 결실을 마주하고 성취감을 맛본 사람은 힘든 상황이 닥쳐와도 쉽게 무너지지 않는다. 그 시간들을 버티어낼 힘이 자신에게 있다는 것을 알기 때문이다. 노력과 성취는 그 자체로도 값진 것이지만, 무엇보다 자신에 대한 믿음을 공고히 할 수 있다는 점에서 더욱 소중한 자산이다.

단기간에 몰입해 확실한 성과를 내는 공부는 '나만의 공부 매뉴얼'에서 시작된다. 인생에서 딱 두 달만 미쳐보자. 몰입은 상당히 힘들지만 그만큼 확실한 보상을 가져온다.

확실한 OUTPUT을 만드는 기술 2

형광펜 3자루, 볼펜 1자루로 끝내는 체크의 기술

✦

책에 밑줄을 긋고, 여백에 메모를 하고, 페이지 가장자리를 접어둔다.
책의 얼굴을 망칠수록 독서의 효율성은 높아질 것이다.

| 수잔 와이즈 바우어 |

앞서 쪼개기의 기술을 이야기할 때, 우리는 목차를 중심으로 내용을 쪼개고, 키워드를 중심으로 쪼갠 내용의 핵심을 파악하면서 공부했다. 목차와 키워드를 중심으로 큰 주제와 하위 주제, 그리고 핵심 내용을 공부하며 외울 때 아웃풋 효과를 더욱 높이기 위해서는 펜을 활용하는 것이 좋다. 그러면 무작정 암기할 때보다 훨씬 적은 노력을 들이고도 중요도를 한눈에 파악해 더 빨리, 더 확실하게 외울

수 있다. 먼저 형광펜 3자루와 볼펜 1자루를 준비하자. 이 간단한 필기도구들을 활용한 매우 단순한 방법이 놀라운 효과를 가져다준다.

3색 형광펜 사용법

큰 주제는 초록색 형광펜으로

지금부터 소개할 형광펜 사용법은 반드시 그대로 따라하지 않아도 된다. 나는 초록색, 노란색, 분홍색 이렇게 세 가지 형광펜을 사용해 공부하는데 형광펜의 색상은 용도에 맞게 본인이 원하는 색을 고르면 된다. 초록색 형광펜은 큰 주제에 표시한다. 이렇게 하면 초록색 형광펜을 중심으로 현재 공부하고 있는 내용의 큰 주제를 한눈에 파악할 수 있게 된다.

초록색 형광펜이 칠해진 부분의 내용들을 공부하면서 중요하다고 생각한 부분, 잘 몰랐던 부분에는 밑줄을 긋거나 여백에 핵심 내용을 정리한다. 나머지 항목들도 큰 제목에 초록색 형광펜으로 색칠하며 같은 방식으로 공부한다. 나중에는 초록색이 칠해진 제목만 봐도 어떤 내용인지 떠올라 막힘없이 설명할 수 있을 정도가 돼야 한다.

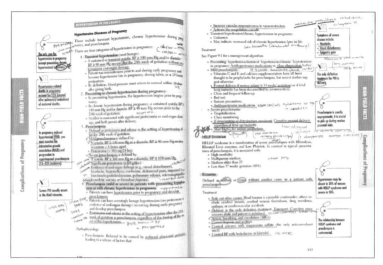

▲ 3색 형광펜 사용 예시

　이 초록색 형광펜은 앞서 설명한 목차 공부법과 병행하면 좋다. 먼저 숲을 보면서 큰 틀을 머릿속에 넣고, 그다음 세부적인 내용들을 외우는 게 포인트다. 처음부터 세부적인 내용을 외우려고 하면 잘 외워지지 않는다. 먼저 숲을 보고, 그다음 나무를 보고, 그후에 잘게 뻗어나간 가지를 보듯, 그 순서로 공부해나가면 그 내용들이 훨씬 더 잘 외워진다.

놓쳤던 부분, 중요한 부분은 노란색 형광펜으로

오늘 기본서를 25페이지까지 공부했다면 자기 전에 그 부분을 복습한다. 이때 연필로 밑줄 친 것 위주로 훑어보면서 오늘 공부했음에도 처음 보는 것 같은 부분, 놓쳤던 부분, 중요한 부분들은 노란색 형광펜으로 칠한다. 노란색 형광펜의 경우 수업시간에 선생님이 중요하다고 말씀하신 부분들이나, 자신이 공부하면서 중요하다고 생각했던 내용들을 표시하는 데 사용한다. 단순하게 말해 중요한 내용 대부분에 노란색 형관펜으로 밑줄을 긋는다고 생각하면 된다. 이 노란색 형광펜은 내가 취약했던 부분을 한눈에 살펴보기에 아주 효과적이다.

며칠 지나 복습할 때는 분홍색 형광펜으로

1/4/7/14 공부법으로 복습할 때 분홍색 형광펜이 활약한다. 마침내 4일차가 돼서 1일차에 공부한 내용을 복습한다고 해보자. 이미 며칠 전에 살펴본 내용이기 때문에 아무리 열심히 외웠다고 하더라도 잘 외워지지 않았던 부분이나 몰랐던 부분이 또 있을 수 있다. 이런 부분들은 분홍색 형광펜으로 표시한다.

이 분홍색 형광펜이 보여주는 또 하나의 장점은 바로 노란색 형광펜과 만나면 '주황색'이 된다는 점이다. 1/4/7/14 공부법과 3색 형광펜 공부법을 병행했다면, 가장 중요한 부분에 노란색 형광펜이 칠해져 있을 것이다. 이후 복습할 때 잘 외우지 못했던 부분에 분홍색 형광펜을 칠한다면? 중요한 부분이지만 쉽게 기억하지 못했던 내용들, 즉 내가 취약한 부분들이 '주황색'으로 변하는 것이다.

이런 식으로 형광펜의 색깔별로 용도를 구분해 사용하면, 나의 학습 상태를 한눈에 파악할 수 있다. 또 상황에 따라 필요한 것만 골라서 공부할 수 있어 효과적이다.

자기만의 방식으로 마킹해라

형광펜에서 더 나아가 자기만의 방법으로 분홍색 표시 부분에 별표를 더한다거나 노란색 표시 부분에 별표를 더하는 등 나름의 룰을 만들어 마킹을 해보자. 혹여 회독을 거듭하며 복습하는 데도 잘 기억나지 않는 것이나 중요한 것들에는 별표를 두 개 적어넣는 식으로 나만의 기준을 잡고 계속 마킹하면서 공부한다.

이렇게 해두면 나중에 다시 복습하거나 시험을 앞두고 벼락치기를 해야 할 때 도움이 된다. 초록색 형광펜을 따라 큰 주제를 파악하며 볼펜으로 밑줄 긋거나 별표한 것들 중심으로 본다. 그다음 분홍

색으로 표시한 것을 보고, 그다음 노란색 형광펜으로 표시한 것을
본다. 각자의 성향과 과목 특성, 그리고 중요도에 따라 우선순위를
부여하면 공부하는 효율이 훨씬 높아진다.

- ★ 표시한 것 → 분홍색 형광펜 → 노란색 형광펜

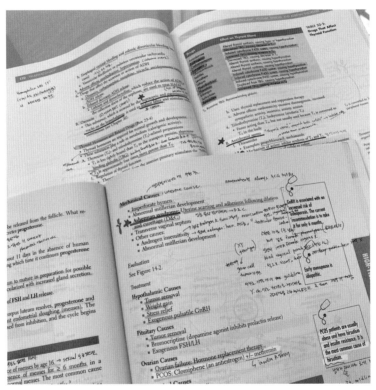

▲ 형광펜 공부 예시

만일 이렇게 해서도 잘 외워지지 않을 때는 스토리를 가미해서 자기만의 것으로 만드는 것도 좋은 방법이다. 볼펜을 활용해 여백에 중요한 것들을 적으면서 스토리와 맥락을 만들어 기억하면 훨씬 더 도움이 된다.

암기를 끝장내는 체크의 기술

① 큰 주제는 초록색으로
② 놓쳤거나 중요한 부분은 노란색으로
③ 며칠 후 복습 땐 분홍색으로

확실한 OUTPUT을 만드는 기술 3
'성적 떡상'을 부르는
인강 활용의 기술

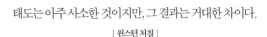

태도는 아주 사소한 것이지만, 그 결과는 거대한 차이다.

| 윈스턴 처칠 |

'시험이 있는 곳에 학원이 있다'는 말처럼, 우리나라에는 학원과 강의 문화가 매우 발달해 있다. 그리고 거기서 파생된 또하나의 문화, 인강(인터넷 강의) 역시 빼놓을 수 없다. 특히 코로나 이후 온라인 강의나 원격 강의, 인터넷 강의가 더욱 활성화되고 있으므로 인강을 활용하는 효율적인 방법을 알아두면 도움이 될 것이다.

인강은 여느 수업과 마찬가지로 강사로부터 내용을 일방적으로 전달받는 듣기 공부영역이라고 생각하면 된다. 게다가 온라인으로 이뤄지는 인강을 들을 때 우리의 몸과 마음은 굉장히 수동적인 자세를 취하게 된다. 따라서 효율적으로 강의를 듣기 위해서는 이 수동적인 자세부터 바로잡아야 한다.

인강 들을 때 산만함 극복하기

노트 필기를 활용하라

인강을 들을 때 가장 중요한 것은 산만함을 극복하고 집중력을 높이는 것이다. 인강을 들으면서 키보드로 타이핑을 하거나 마우스를 만지다 보면 굉장히 쉽게 산만해질 수 있다. 그래서 나는 노트에 손으로 필기하는 방법을 추천한다. 그러면 흐트러지는 집중력을 다 잡을 수 있고 내용 이해와 암기가 동시에 되는 일석이조의 효과를 얻을 수 있다. 인강을 들을 때의 집중력은 오프라인에서 수업을 들을 때의 절반도 채 되지 않으니 절대 손을 가만히 내버려두지 마라.

인강은 1시간씩 끊어서 들을 것

집중력을 잃지 않기 위해 인강은 1시간씩 끊어서 듣기를 추천한다. 1시간 정도 수업을 들었다면, 잠깐의 휴식을 취하고 복습하는 시간을 갖는 것이다. 그러고 나서 다시 1시간 정도 수업을 듣고 또 다시 휴식을 취한 후 복습한다. 이렇게 반복해가면서 강의를 듣는 것이 효율적이다.

100퍼센트 이해하겠다는 마음가짐으로

인강은 기본서의 내용에서 핵심을 위주로 전달하기 때문에 실제 내용보다 전하는 바가 적을 수 있다. 따라서 선생님이 말씀하시는 부분을 90~100퍼센트까지 이해하고 암기하겠다는 마음가짐으로 들을 필요가 있다. 설렁설렁 듣는 것과 이렇게 마음을 다잡고 듣는 것은 집중력에서 확실한 차이를 보이고 이것은 당연히 성적으로 연결된다. 또한 인강을 들을 때 주변 환경을 깨끗하게 정리해두면 집중력 향상에 큰 도움이 된다. 혹여 강의를 듣다 멍해지는 경우에는 자리에서 일어나 서서 듣는 것이 좋다.

인강이 끝나면 바로 기본서를 펼치자

인강이 끝났다고 공부가 끝난 게 아니다. 인강이 끝났다면 바로 기본서를 펼쳐 강의 내용과 책을 중심으로 공부한 내용을 다시 한 번 정리한다. 인강을 들을 때 가장 많이 하는 착각이 강의를 들은 것만으로 내용을 100퍼센트 이해했다고 생각하는 것이다. 하지만 강의를 들었다고 그것이 전부 내것이 되었다고 착각해선 안된다. 실제로 직접 문제를 풀거나 혹은 강의 내용을 되새겨보면 생각보다 기억나는 게 별로 없음을 알 수 있다. 인강이 끝나면 그 자리에서 바로 복습하는 것을 잊지 말자. '1시간 인강 → 짧은 휴식 → 복습 → 1시간 인강 → 짧은 휴식 → 복습'으로 이어지는 인강 루틴을 꼭 실천해 보길 바란다.

반드시 인강 전에 문제를 풀자

인강에 문제 풀이가 있을 경우에는 반드시 문제를 먼저 풀거나 선생님이 문제 풀이를 해주기 전에 잠시 강의 영상을 멈춰두고 문제를 푼 다음 인강을 듣는 게 좋다. 선생님이 문제 푸는 걸 눈으로만 따라가기보다, 스스로 직접 풀어봐야만 공부의 효과가 있기 때문이다.

인강의 큰 장점은 언제 어디서든 손쉽게 공부할 수 있다는 점이며, 이는 그만큼 산만해지기 쉽다는 단점으로 연결된다. 장점은 살리고 단점은 보완하는 효율적인 인강 활용법을 통해 성적이 '떡상'하는 결과를 누려보자. 어떤 것이든 내가 어떻게 활용하느냐에 따라 그 성과는 사뭇 달라진다.

능동적인 인강 활용법

① 키보드가 아닌 손으로 필기하라
② '1시간 인강 → 짧은 휴식 → 복습'의 패턴을 반복하라
③ 한 번의 강의로 모든 내용을 완벽히 이해했다는 착각에서 벗어나라

확실한 OUTPUT을 만드는 기술 4
가장 확실하게 내 것으로 만드는
문제 풀이의 기술

✦

실수와 착오가 일어나도 실망하지 마라.
자기의 실수를 깨닫는 것만큼 공부가 되는 것은 없다.

| 칼라일 |

나는 지금까지 문제집을 펼쳤을 때 중요한 것, 잘 모르는 것, 한 번 더 봐야 할 것이 한눈에 잘 파악되는 것을 중요시했다. 어떻게 하면 문제집을 완전히 내 것으로 만들어 효과적으로 활용할 수 있는지 자세히 알아보자.

문제를 풀면서 나만의 방법으로 표시하기

내 경우 문제를 풀 때 잘 아는 문제와 애매한 문제, 전혀 모르는 문제 등을 구분해서 펜으로 표시한다.

- 잘 아는 문제 : 따로 표시하지 않음
- 잘 모르거나 애매한 문제 : 세모(△) 표시
- 아예 모르는 문제 : 물음표(?) 표시

만일 세모 표시가 되어 있는 문제인데 답이 맞았다면, 이런 문제들은 당연히 한 번 더 봐야 한다. 자신이 없어 긴가민가했던 내용이기 때문에 다시 한 번 확실하게 숙지하는 과정이 필요하다. 만약 찍어서 맞춘 문제라면 세모를 더 진하게 표시해서 나중에 한 번 더 복습하며 리마인드할 수 있도록 한다.

물음표가 되어 있는 문제인데 맞았다면, 역시 물음표를 진하게 표시해준다. 물음표가 되어 있다는 건 내가 잘 몰랐던 문제란 의미이므로, 앞의 세모 표시한 문제와 마찬가지로 그 부분은 여러 번 반복해서 복습해줘야 한다. 특히 몰랐던 문제이기에 더욱 세심하게 살펴야 한다. 어떤 부분을 잘 몰랐던 건지 문제와 지문을 보면서 체크하고 필요하다면 여백에 별도의 메모도 해주는 게 좋다.

문제집을 장악할 때 가장 중요한 것은 바로 틀린 문제들이다. 꼭 다시 살펴봐야 하는 문제를 세 가지로 나눠 살펴보자. 사실 크게 아는데 틀린 문제, 모르는데 틀린 문제, 모르는데 맞은 문제, 아는데 맞은 문제 이렇게 네 가지로 구분된다. 이때 아는데 맞은 문제는 복습할 때 따로 보지 않아도 된다. 반면 나머지 세 가지 경우는 모두 복습이 꼭 필요하다.

- **아는데 틀린 문제**
  왜 그 문제를 안다고 생각했고, 왜 틀렸는지 자세한 이유를 파악한다. (사실 안다고 생각했던 문제를 틀리는 게 가장 나쁜 경우다.)

- **모르는데 틀린 문제**
  물음표로 표시하고 내용들을 꼼꼼하게 다시 공부하면서 외운다.

- **모르는데 맞은 문제**
  이 경우는 찍었다고 봐야 한다. 그러니 따로 표시한 후 반드시 복습을 철저히 해야 한다.

복습할 때도 맞은 것과 틀린 것을 더블 체크한다

문제집을 다시 보며 복습할 때도 처음과 마찬가지로 체크하면서 풀어준다. 이때는 처음에 사용했던 펜과는 다른 색깔의 펜으로 체크한다. 틀린 문제를 복습하면서 문제를 다시 풀었는데 맞았다면 동그라미(o) 표시, 틀렸다면 엑스(X) 표시를 해준다. 그러고 나서 다시 복습하면서 맞으면 동그라미, 틀리면 엑스 표시를 한다. 이렇게 매번 공부할 때마다 표시를 해주면, '몰랐던 것인데 맞았는지' 혹은 '몰랐던 것인데 또 틀렸는지' 등 히스토리를 한눈에 파악할 수 있어 복습에 상당한 도움이 된다. 동그라미가 세 개 나올 때까지 이런 식으로 여러 번의 복습을 반복한다.

저절로 답이 외워졌다면 정답을 스스로 설명해볼 것

이렇게 문제를 많이 보다 보면 답을 외워버리는 문제가 생기는데 이럴 때는 어떻게 해야 할까? 답을 외운 경우에는 왜 그것이 정답인지 스스로를 설득할 수 있을 때까지 내용을 복기하면서 정리한다. 또 무엇 때문에 문제가 틀렸었는지, 어떤 점이 헷갈렸는지도 다시 정리한다. 이렇게 스스로 이해시키고 설득할 수 있을 때, 동그라미 표시를 해준다.

자꾸 틀리는 문제는 반드시 다시 살펴볼 것

동그라미 세 개가 나오면, 복습할 때 이 문제는 거들떠보지도 않고 그냥 넘어간다. 그 정도라면 내용을 이해하고 암기해서 이미 내 것으로 만든 것이기 때문이다.

그런데 문제를 풀다가 틀렸고, 복습하면서 풀 때도 또 틀리는 문제들이 있다. 여러 번 틀린 문제라면 내가 취약한 문제이므로 주의를 기울여야 한다. 만일 두 번 틀리고, 그다음에 맞았다면 어떻게 할까? 같은 문제를 두 번 혹은 세 번 이상 틀린 경우라면 그 문제는 반드시 형광펜으로 표시한다. 이렇게 여러 번 틀린 문제는 죽었다 깨어나도 잘 모르는 문제가 될 수 있기 때문이다. 취약한 문제들은 나중에 반드시 한 번 더 복습해줘야 한다.

시험 직전엔 형광펜 칠한 문제들만 보자

하루 만에 문제집을 복습해야 한다거나 시험 직전 빠르게 복습해야 할 때 공부한 내용을 무턱대고 다 보는 것은 매우 비효율적이다. 이럴 때는 형광펜 위주의 문제만 보도록 한다. 다른 문제들은 충분히 소화했으므로, 취약했던 문제들만 족집게처럼 뽑아내 살펴보는 것이다. 이런 식으로 하면 문제집을 굉장히 빠른 속도로 복습할 수 있다. 틀린 문제들의 경우 별도로 모아서 오답 노트를 만들어 정리하고 내용을 추가해줘도 좋다.

문제집의 경우 한두 번 풀어서는 내 것이 되지 않는다. 틀렸던 문제를 적어도 세 번 이상은 봐야 이해가 되고 완전히 내 것이 된다. 두 개 이상 엑스 표시가 있는 문제들은 형광펜 표시를 해두고 최소한 두 번 이상 복습하는 습관을 기르자. 이런 습관을 들이면, 복습할 때 어떤 것들을 봐야 하는지 파악하기 쉽고 빠르게 1회독을 하는 능력도 연마된다.

내 것이 되는 문제 풀이의 기술

① 나만의 방식으로 문제에 표시하라
② 복습할 때도 맞은 문제, 틀린 문제를 모두 살펴라
③ 시험 직전엔 형광펜 문제만 보자

공부 시간 200퍼센트 활용법

낭비한 시간에 대한 후회는 더 큰 시간 낭비다.

| 메이슨 쿨리 |

공부를 결심한 이에게 시간은 어떻게 활용하느냐에 따라 부족할 수도 있고 여유로울 수도 있다. 나 역시 공부하며 살기로 결심했지만 바쁜 일상을 살아가면서 공부하는 시간을 충분히 확보하는 것은 거의 불가능에 가까웠다. 그러다보니 일상 속 자투리 시간을 공부에 활용하는 법, 또 내게 주어진 짧은 시간을 200퍼센트 활용하는 법을 자연스럽게 터득하게 되었다. 따라서 이번에는 남들보다 두

배 이상 시간을 절약할 수 있는 공부법을 소개하고자 한다. 이 방법은 절대 정답이라고는 할 수 없지만, 내가 직접 경험하며 체득한 방법이므로 한번 실천해보기를 추천한다. 내가 그랬던 것처럼, 시간 효율을 높이는 데 조금이나마 도움이 되길 바란다.

리뷰하면서 녹음하기

첫 번째 방법은 의학전문대학원 시험을 준비하면서 토플 학원을 다녔을 당시 터득했다. 당시 한 선생님의 강의가 한번 듣고 흘려버리는 것이 아깝게 느껴질 정도로 무척 좋았다. 그래서 선생님 강의를 녹음해 자기 전, 혹은 지하철이나 버스로 이동할 때 들었다.

이렇게 여러 번 반복해서 듣다 보니 자연스럽게 내용들이 머릿속에 쌓여갔고, 이 방법을 조금 더 효과적으로 공부하는 데 응용할 수 없을지 고민하다 아이디어가 떠올랐다. 내 경우 잠자기 전에 30분에서 1시간 정도 앞서 공부했던 것을 눈으로 읽거나 소리 내어 읽으며 복습하는데, 이때 내가 리뷰하는 내용을 녹음해 짬이 날 때마다 듣기 시작한 것이다.

예를 들면 이런 식이다. 복습을 하면서 카테고리별로 큰 주제, 하위 주제, 세부 내용을 살펴보고 관련 내용들을 녹음한다. 주제별로 리뷰하며 녹음한 파일을 다음 날 이동하는 시간에 듣는다. 출퇴근하거나 등하교를 하는 경우 이동하는 시간이 대략 30분에서 1시간 정도라고 할 때, 음악을 듣거나 대수롭지 않게 흘려보내던 이동 시간을 생산적으로 바꿔낼 수 있다.

무의식중에라도 그렇게 듣고 있으면 모르는 부분이 발견되고, 그 부분에 대해서 한 번 더 책을 찾아보게 된다. 전날 밤 리뷰한 것을 귀로 들으며 한번 더 복습하는 효과, 그 과정에서 모르는 걸 찾아 다시 복습하는 효과가 생긴다. 자칫 그냥 버려지기 쉬운 이동 시간을 활용하므로 그만큼 시간도 절약할 수 있다.

소리를 통한 자극은 암기력을 향상시키고 내용의 체계를 더 단단하게 잡는 데 도움이 된다. 당시는 녹음기를 따로 갖고 다녀야 했는데, 지금은 휴대폰 자체에 녹음 기능이 잘 되어 있으니 언제, 어디서든 편리하게 실천할 수 있다. 아주 쉽고 간단한 방법이지만 효과가 크니 한번 실천해보자.

잠자는 시간 외에는 긴장을 늦추지 않는다

나는 한 번 집중하기 시작하면 대개 1시간 30분 정도 공부하고 15분 정도의 휴식 시간을 갖는다. 그러나 쉬는 시간에도 긴장의 끈을 늦추지 않은 채 뇌는 풀가동시키는 편이다. 공부할 때만큼의 몰입도는 아니지만 너무 풀어지지 않도록 말이다. 갑자기 긴장의 고삐를 풀어버리면 공부하던 흐름이 깨지고, 원래의 텐션을 되찾기까지 시간이 오래 걸리기 때문이다.

공부에 대한 생각을 멈추는 것은 잘잘 때뿐이다. 잘 때는 의식적이든 무의식적이든 공부에 대한 생각을 할 수가 없으니 말이다. 긴장감을 유지하는 것도 공부를 잘하는 방법 중 하나다. 잠자는 시간 외에는 공부에 대한 긴장감을 유지하는 훈련을 해두자.

공부가 잘 되지 않을 때는 아는 내용을 복습하자

누구든 공부를 하다 보면 왠지 집중이 안 되거나, 꾀가 나서 게으름을 떨고, 선뜻 달려들어 책장을 펼치기 싫은 때가 있기 마련이다. 만일 너무 공부하기 싫은 과목인데 반드시 오늘 공부해야 한다면 단타 공부법을 활용해 한꺼번에 진도를 빼지 말고 쪼개서 공부해보기 추천한다. 공부할 분량을 세 파트 정도로 쪼개서 오전, 오후, 저녁에 조금씩 진도를 나가는 것이다. 싫어하는 과목을 오랜 시간 붙들고 앉아서 공부해야 한다면 일단 마음에 부담이 된다. 하지만 공부할 부분을 쪼개고 짧은 시간 동안 야금야금 나눠서 하면 그만큼 심적인 부담이 줄어들기에 큰 거부감 없이 해낼 수 있다.

반면 집중력이 흐트러질 때는 조금 다른 공부법을 추천한다. 내 경우에는 좋아하는 과목이나 아는 내용이 많은 과목 위주로 공부했다. 일단 좋아하거나 아는 내용이 많은 과목은 심리적인 진입 장벽이 높지 않다. 알고 있는 내용이 많으므로 공부가 부담으로 다가오지 않아서 가볍게 책장을 넘길 수 있다.

공부가 잘 안 된다고 해서 그 시간들을 그냥 흘려보내는 것보다는 아는 내용이라 해도 한 번 더 보는 것이 확실히 도움이 된다. 그 과정에서 나는 재미있는 사실 하나를 발견했다. 아는 내용이라 여기고 다시 보는데, 놀랍게도 아리송하게 헷갈렸거나 새롭게 알게 되는 내용들이 있다는 점이다. 그런 것들을 찾아낼 때의 짜릿함은 덤으로 얻을 수 있는 재미다.

200퍼센트 시간 활용의 기술

① 복습에 '녹음'을 활용하라
② 긴장의 끈을 놓지 마라
③ 집중력이 흐트러질 때는 아는 내용을 복습하라

핑계를 없애는
집중력 부트 캠프

우리를 괴롭히는 건 먼 산이 아니라 신발 속에 들어간 작은 모래다.

| 중국 속담 |

공부할 때 집중력은 매우 중요하다. 아무리 여러 번 복습한다 해
도 집중력이 높지 않으면 공부한 만큼의 성과를 얻기 어렵다. 하루
종일 공부한 것 같아도 책상에 진득하게 앉아 있지 않고 들썩이거나
산만한 상태라면 머릿속에는 아무것도 남지 않을 수 있다.

"나는 타고나길 집중력이 약해요. 집중력을 강화할 수 있는 방법
이 있을까요?"라고 질문하는 이들이 많은데 분명히 방법은 있다. 책

상에 앉아 1시간을 넘기기 어려웠던 학생이라도 이 방법만 터득하면 3시간, 4시간도 거뜬히 집중하는 것이 가능하다.

집중력 테스트를 활용해볼 것

첫 번째로 제안하는 방법은 집중력 테스트를 받아보라는 것이다. 먼저 유튜브나 다른 플랫폼에 들어가서 '집중력 테스트'라고 쳐보자. 그러면 집중력과 관련해 다양한 테스트 영상들이 뜰 것이다. 그중 뭐라도 좋으니 하나를 선택해서 직접 해보기를 권한다.

먼저 테스트에 도전하면서 그 문제들을 다 풀기 위해 본인이 집중한 시간이 어느 정도나 되는지 체크해보자. 본인이 생각했을 때 집중해서 테스트에 임했다고 여겨지는 시간을 확인하면 된다. 의외로 꽤 오랫동안 테스트에 몰입했다는 사실을 알아챌 것이다. 많은 사람들이 스스로 집중력이 없는 사람이라고 하지만 실제로 테스트를 해보면 그렇지 않음을 알 수 있다. 이 집중력 테스트의 목적은 해당 테스트의 결과를 얻는 것이 아니라 테스트 과정에서 본인 스스로가 집중할 수 있다는 사실을 깨닫는 것이다.

정해진 분량을마칠 때까지는 움직이지 않는다

많은 사람들이 시간을 세분화하면서 계획표를 작성하고, 해야 할 일 목록을 만든다. 이런 계획표는 없는 것보다 있는 게 훨씬 좋다. 일단 계획을 세웠다는 것만으로도 마음가짐이 달라지기 때문이다. 하지만 시간 계획을 짜는 것만큼 중요한 것은 그 시간 동안 얼마큼 진도를 나갈지 결정하는 것이다. 계획된 시간 동안 해낼 분량을 정했다면, 책상에 앉은 후에는 반드시 그 부분까지 진도를 나가겠다는 마음가짐이 중요하다.

나는 정해진 분량을 다 해낼 때까지 책상에서 벗어나지 않았다. 물론 처음엔 쉽지 않았다. 딴짓하고픈 충동에 휩싸이기도 했고, 수없이 졸음과 싸우기도 했다. 하지만 그럼에도 불구하고 여러 번 싸워낸 끝에 익숙해질 수 있었다. 힘들더라도 반드시 익숙해지는 순간은 온다. 그리고 비로소 목표량을 채웠다면, 이에 상응하는 보상을 스스로에게 챙겨주도록 하자. 휴식을 취하며 커피를 마신다거나, 가벼운 스트레칭을 통해 뇌를 환기시키는 등 아주 소소한 보상이라도 반드시 챙겨주는 것이 중요하다. 그러다보면 어느새 자리에 앉아 집중하는 시간이 조금씩 늘어날 것이다. 그렇게 습관이 만들어지는 것이다.

집중할 수 있는 환경을 만들 것

마음가짐을 다잡았다면 이번에는 환경을 정리한다. 집중력을 방해하는 주변 요소들을 최대한 없애서 공부에 몰입하기 좋은 환경을 만드는 것이다. 의지력도 중요하지만 환경의 중요성 역시 무시할 수 없다. 공부할 때 집중을 방해하는 가장 큰 적은 휴대폰이다. 휴대폰은 책상에 앉음과 동시에 끈다. 그리고 공부에 방해가 될 수 있는 여러 가지 요소를 모두 없앤다. 내 경우에는 책상이 지저분하면 공부가 잘 안 되는 편이라 책상을 말끔하게 정리하고 시작했다.

사람마다 집중력이 좋아지고 공부가 잘 되는 환경은 각기 다르다. 예를 들어 적당한 백색소음이 있어야 공부가 잘되는 사람, 귀마개를 해서 외부의 소음을 차단해야 공부가 되는 사람, 조명이 밝아야 공부가 잘되는 사람 등 다양하다. 자신이 어떤 상태일 때 집중력이 좋아지고 공부가 잘되는지 찾아내서 최적의 환경을 만들어주자. 의지와 환경이 합심한다면 금세 집중력을 높일 수 있다.

집중력을 높이는 기술
① 자신의 집중력을 체감할 수 있는 경험을 하라
② 목표를 이룰 때까지 자리를 이탈하지 마라
③ 집중할 수 있는 환경을 조성하라

— 4장 —

공부 자존감을 지키는 마음 습관

공부할 때 나다움을 잃지 않는 법

절대 배신하지 않는 공부의 기술

자존감이 공부하는
나를 치켜세운다

✦

스스로에 대한 자신감을 잃게 되면, 온 세상이 내 적이 된다.

| 랠프 월도 에머슨 |

학창 시절 나는 유독 타인을 의식하는 경향이 강했다. 주변에 성적이 잘 나오는 친구들을 보면 '쟤는 그다지 치열하게 공부한 것 같지 않은데, 왜 늘 나보다 성적이 잘 나올까?', '저 친구는 한 번 보고 저걸 어떻게 다 외우지? 역시 머리가 좋아야 하는 건가?', '내가 혹시 여태 잘못된 방법으로 공부해온 걸까?' 하는 질투 어린 생각이 자주 들었다.

남의 떡이 커 보인다고, 나는 숨이 턱까지 차오를 만큼 노력해서 간신히 해내는 일을 다른 사람들은 머리가 좋아서 저절로 이루는 것처럼 보였다. 공부 잘하는 지름길을 모르고 나만 멀리 돌아간다는 생각에 불안이 엄습하기도 했다. 마음이 흔들리고 신경이 곤두서니 공부에 오롯이 집중하는 것도 쉽지 않았다. 하지만 정말 나만 빼고 남들은 다 쉽게 성과를 냈던 것일까?

20년간 공부와 씨름해온 내가 장담컨대, 결코 그렇지 않다. 특히 공부에 관해서라면 더더욱 그렇지 않다. 실제로 '저 사람은 참 똑똑해'라는 소리가 절로 나오는 주변 지인들에게 물어보면 한목소리로 자신을 '노력파'라고 말한다. 머리가 좋아서 시험에 쉽게 합격했다거나 저절로 공부가 됐다고 말하는 사람은 단 한 사람도 없다.

한국 문단계의 거장으로 꼽히는 소설가 조정래 선생은 작품을 쓸 때마다 스스로를 '글 감옥'에 가두기로 유명하다. 그는 하루 15시간, 200자 원고지 25매 이상을 매일같이 쓴다는 자신과의 약속을 어긴 적이 없다고 한다. 심지어 『한강』을 쓸 때는 너무 오랜 시간 책상에 앉아 있어서 탈장으로 수술까지 할 정도였다. 우리 눈에는 타고난 재능으로 쓰는 천재 작가처럼 보이지만, 그의 화려한 성취 뒤에는 지난하고 치열한 노력이 있다.

결국 타인을 신경 쓰고 타인과 비교하며 내 마음을 흔든 것은 나 자신이다. 내 마음의 심지가 단단하지 않으니 자신에 대한 믿음이 부족해져서 생기는 불안이 문제였다. 이를 깨닫고 주변을 둘러보니 나와는 달리 주변은 신경 쓰지 않고 자신에게만 집중하는 우직한 사람들이 보였다. 그들은 주위에 무심한 듯 스스로에게 몰입했고, 끊임없는 노력으로 작고 큰 성취의 경험을 오랫동안 이뤄내며 자기에 대한 신뢰를 쌓아왔다. 끊임없는 노력과 성취의 경험으로 마음의 심지를 단단히 다진 사람들은 쉽사리 불안감에 휩싸이지 않는다.

공부 자존감, 불안을 건너는 유일한 해법

불확실한 세상을 살아가는 요즘 사람들에게 많은 조언자들은 자존감을 찾으라고 조언한다. 나는 자존감이야말로 공부하는 사람들의 필요충분조건이 아닌가 생각한다. 앞날이 막막하고 수개월에서 수년간의 노력을 헛되이 할 수 없기에 막다른 길 위를 걷고 있는 수험생들에게 가장 중요한 것은 '자신을 믿어주는 힘'이다.

자신을 믿으려면 '자기중심'이 바로 서 있어야 한다. 자기중심이 선 사람이란 자기밖에 모르는 이기적인 사람이 아니다. 자기 목표와 성취, 자기 일을 중요하게 여기고 먼저 보살피는 현명한 사람이다. 뿌리를 단단히 내린 나무는 폭풍이 불어도 굳건히 자리를 지키지만 뿌리가 약한 나무는 바람에 휩쓸리고 뿌리째 뽑혀나가는 것과 마찬가지 이치다. 스스로에 대한 믿음과 보살핌 없이 어찌 경쟁에서 이길 수 있단 말인가.

책상에 오래 앉아 있고도 원하는 바를 성취하지 못하는 많은 수험생들의 문제가 바로 마인드 컨트롤에서 온다. 공부를 하다 보면 아무래도 주변을 의식하게 된다. 다른 친구들은 어떤 과목을 공부하는지, 진도를 얼마나 나갔는지, 성적이 얼마나 올랐는지, 혹은 경쟁 관계에 있는 친구들은 어떻게 공부를 하는지 등. 하지만 이런 것들에 지나치게 신경을 쓰다 보면 정작 자신에게 향해야 할 관심과 시선이 온통 다른 사람들에게 향하게 된다. 내 목표를 향해 달려가야 할 시간에 다른 친구들을 경계하고 둘러보느라 경로에서 이탈하거나 뒤처지게 되는 것이다.

나는 내 갈 길만 제대로 가면 된다. 남들을 신경 쓰지 말자. 지금 내 진도가 그 친구보다 조금 더디다 해도 그것은 과정일 뿐 결과는 두고 봐야 안다. 조급해하다 보면 자기중심을 잃기가 쉽고, 주변 친구들을 지나치게 의식하다 보면 자신감이 떨어진다. '남들 의식하지 않고 자기중심을 갖고 나아간다.' 그렇게 마음먹는 것만으로도 절반은 성공한 셈이다. 이는 내가 몸소 겪고 체감한 진리다.

주변을 의식하며 움츠러들던 학창 시절과 달리, 나는 의전원에 입학하고 나서부터는 슬럼프를 겪은 적이 거의 없다. 의과 대학생들을 괴롭히는 유급에 대한 공포가 없었던 것은 아니다. 전체 과목이 평균 점수 이하거나 한 과목에서 기준 점수 이하라면 학년을 새로 이수해야 하니 큰 골칫거리이긴 하지만, 내게 유급 걱정은 생산적인 긴장감을 주는 수준이었다. 공부의 양이 절대적으로 많아서 주위를 돌아볼 여유가 없었다. 나는 오로지 내가 해내야 할 하루의 공부량과 목표에만 집중할 수 있었다.

미국의사고시인 USMLE를 준비할 때도 마찬가지였다. 이미 한국에서 의사 생활을 잘하고 있는데 굳이 어려운 길을 가려 하냐고, 공부하는 게 지겹지 않냐고 동료 의사들의 만류가 이어졌다.

"진짜 똑똑했던 그 선배도 2년 공부해서 떨어졌어. 어차피 안 될 일에 힘들이지 마."

책을 열면 펼쳐지는 방대한 공부거리에 숨 막히고 주눅 들었던 것도 사실이다. 족집게 포인트도 기출 문제도 없으니 요령을 부릴 수도 없었다. 하지만 주변 사람들의 목소리나 나를 바라보는 시선이 느껴지지 않았다. 나는 그저 '한번 해보지 뭐. 이해 안 되면 모조리 외우지 뭐' 하는 가벼운 마음으로 시작했다. 그렇게 미국의사고시는 여전히 내가 공부해야 하는 하나의 목표로 남아 있다. 하지만 불안하거나 초조하지 않다. 나는 언제든 스스로 할 수 있다고 믿기 때문이다.

매일 밤 도서관을 나와 신선한 공기를 마시며 오늘 하루도 수고했다고 스스로를 다독일 때의 쾌감을 나는 잊지 못한다. 낭떠러지에서 밧줄을 잡고 올라가는 수험 생활 중 나를 지켜준 것은 '나를 향한 집중력'이었다. 이것이 내가 올라가고자 하는 곳만 바라보게 해주었고, 한눈을 팔아 낭떠러지를 보는 위험을 피하게 해주었다.

낭떠러지로 떨어지지 않고 위로 올라가려면 긴장을 늦추지 않고 한걸음마다 최선을 다해야 한다. 내가 다다를 목표, 그곳에 가기 위해 해야 할 지금 이 순간의 과제들만 생각하고 정진하자. 스스로의 성실함을 확인하면 그만큼 자신감은 확고해진다. 내가 나를 믿고 응원해준다면 실수는 있을지라도 실패는 없다.

선택의 순간마다 '10년 후'를 떠올리자

인생은 공평하지 않다. 누구는 엄청난 재력가 집안에서 태어나고, 또 누군가는 굉장히 어려운 환경에서 태어난다. 타고난 신체조건이나 건강 상태도 무척 다르다. 이처럼 주어진 조건은 천차만별이다. 하지만 우리에게 공평하게 주어진 것이 딱 하나 있다. 바로 시간이다. 하루 24시간은 누구에게나 똑같이 주어진다. 하지만 이 시간을 모두가 똑같이 사용하는 것은 아니다. 그 시간을 어디에 어떻게 활용하느냐 하는 선택에 따라 시간은 전혀 다른 가치를 지닌다. 이 시간들을 당신은 어떻게 쪼갤 것이며, 어떻게 사용할 것인가?

우리의 하루는 매 순간 어떻게 살 것인가를 선택한 결과의 연속이다. 아침에 일어나 어떤 옷을 입을까, 점심에는 무얼 먹을까 하는 사소한 일에서부터 이사 갈 집을 고르고, 전공을 선택하고, 직장을 구하는 일까지 우리 삶은 모두 선택으로 이루어진다. 그러한 선택들에는 개인의 가치관이 고스란히 묻어난다. 그래서 우리가 하는 선택은 내가 어떤 사람인지를 말해주는 것이다. 당신이 어떤 사람인가를 보려면 당신이 방금 선택한 것이 무엇인지를 보면 된다.

지금 이 순간의 선택과 하루하루 주어진 시간을 어떻게 보내느냐에 따라 훗날 아주 큰 변화가 나타날 수 있다. 삶은 선택의 나비효과다. 아침 일찍 일어나 샤워를 할 것인지, 침대에 누워 정오의 해가 뜰 때까지 게으름을 피울 것인지, TV 드라마를 보며 밤을 지새울 것인지, 아침 30분의 독서를 할 것인지, 이 모든 것은 우리 각자의 선택이며 선택 자체만으로 존중받아야 마땅하다.

하지만 분명한 것이 있다. 매일 공부한 것을 복습하고 자는 사람과 끊임없이 미루기만 한 사람의 10년 후는 분명 다를 것이다. 매일 아침 1시간씩 달리기를 한 사람과 늦잠으로 그 시간을 보낸 사람의 10년 후 건강 상태는 전혀 다를 것이다. 순간의 선택들이 모여서 1년 후, 2년 후, 3년 후… 마침내 10년 후가 됐을 때 각자의 인생이 어떻게 달라질지를 생각해보자. 그리고 선택의 순간으로 돌아와 스스로에게 물어보자. 지금 나는 어떤 선택을 할 것인가.

 Tip 지금 무엇을 할 것인가를 결정할 때마다 10년 후 내가 원하는 나의 모습을 떠올려보자. 건강하고 이로운 선택이 쉬워진다.

자신을 객관적으로
바라본다는 것

위험은 자신이 무엇을 하는지 모르는 데서 온다.

| 워런버핏 |

　　많은 심리상담가들은 건강한 인간관계를 유지하는 좋은 방법으로 타인과 적당한 거리두기를 강조한다. 친근하게 지내되 서로의 내밀한 영역을 지켜주고 각자가 정해둔 선을 넘지 않는 존중이 신뢰관계를 형성하기 때문이다. 그런데 이런 거리두기가 반드시 타인과의 관계에서만 필요한 것은 아니다. 나는 타인과 거리두기보다도 중요한 것이 자기 자신과 거리두기라고 생각한다.

나 자신과 약간의 거리를 두다

내가 세상에서 가장 사랑하는 사람은 누굴까? 평생 돌봐주신 부모님? 눈에 넣어도 아프지 않을 자식? 목숨을 내놓아도 아깝지 않을 연인? 솔직하게 말하자면, 내가 가장 사랑하는 사람은 내 자신일 때가 많다. 부모님이나 형제, 오래 만난 친구도 이해 못 하는 내 문제를 나는 속속들이 이해한다. 오늘 슬픈지, 아픈지, 기분이 좋지 않은지 제일 잘 아는 사람은 나뿐이다.

이렇다 보니 우리는 가끔씩 자신에게 한없이 관대하거나, 반대로 지나치게 야박하게 굴며 함부로 하는 일이 많다. 오래 만난 친구 사이나 연차가 오래된 부부 사이보다도 나 자신과 보낸 기간이 너무 길다 보니 느슨해져서 긴장감이 좀처럼 생기지 않는 것이다.

오늘은 피곤하니까 이쯤 하고 쉬자거나 내일 하면 되니까 미루자며 나태함과 게으름을 쉽게 받아들인다. '돈이 없어서 못하는 거야', '머리가 나빠서 그건 안 돼', '체력이 달리니까 포기할래'라는 식으로 적당히 변명하고 타협한다. 반면 '놀면 안 돼', '뒤처지면 안 돼', '쉬면 지는 거야'라며 자신을 닦달하고 불안 속으로 몰아넣거나, '이런 것도 못하느냐'며 스스로를 비하하고 채근한다. 왜 가장 아끼고 보살피고 애지중지해도 모자랄 자기 자신을 함부로 대하는 걸까? 이런 태도에서 어떻게 벗어날 수 있을까?

이럴 때는 자신을 객관화해 3인칭 관찰자 시점에서 보아야 한다. 자기 안에 갇혀 있을 때와 달리 거리를 두고 자신을 바라보면 잘 몰랐던 것들이 보이기 시작한다. 평소의 습관과 행동, 심리 상태, 자신의 장단점, 시간을 활용하는 태도 등 훨씬 냉정하고 이성적인 태도로 조목조목 따져볼 수 있게 된다. 머릿속으로 한번 떠올려보는 것만으로는 충분하지 않다. 노트에 줄을 긋고 남을 대하듯 자아성찰의 내용을 꼼꼼히 써서 분석해보는 것이 중요하다.

이때 '일상의 나'와 '공부하는 나'를 의도적으로 분리하는 연습을 해보라고 권하고 싶다. 일상의 나는 공부하는 나를 잘 돌봐주어야 할 책임과 의무가 있는 사람이라고 생각해보자. 반려견을 키우거나 가상의 아바타를 키운다고 생각해도 좋다. 공부하는 내가 적당한 긴장감과 휴식을 취할 수 있도록, 나태해지거나 게을러지지 않도록 일상의 내가 돌보는 것이다.

고등학생 시절 시험을 치르고 나면 원하는 만큼 성적이 나오지 않아 부정적인 감정에 사로잡히곤 했다. 그리고 그 감정에서 쉽게 빠져 나오지 못해 적어도 1~2주간은 공부에 집중할 수 없었다. 시험이 끝났다는 해방감을 만끽하거나 그동안 수고했다고 나를 도닥이지도 못했다. 목적도 없는 걱정과 짜증에 휩싸여 정작 공부를 하거나 휴식을 취하지도 못하는 악순환을 되풀이했던 것이다.

나쁜 감정에만 매몰되는 것이 얼마나 소모적인 일인지를 깨닫고 나서부터 나는 감정이 아닌 이성을 꺼내들어 '공부하는 나'를 객관적으로 바라보는 연습을 해보았다. 교과서에서나 배우던 3인칭 시점을 내 삶에 적용하기가 처음부터 쉬웠던 것은 아니다. 그럴 때마다 종이를 꺼내 글자로 빈 칸을 채웠다. 현재의 감정 상태, 그 원인과 해결책을 머리로 이해하는 것이 아니라 손으로 써보았다. 나를 객관화하는 것이다.

내가 왜 우울했지? 시험에서 좋은 성적을 내지 못해서? 그렇다면 내가 틀린 문제가 뭐지? 왜 이 문제를 틀렸을까? 내가 몰랐던 부분이 어디지? 무엇이 부족했지? 이런 식으로 감정과 상황 속 문제의 원인을 찾아서 분석하는 데 의식적으로 집중했다. 부족한 부분을 알아야 그것을 보완하고, 틀린 이유를 알아야 다음 시험에서 똑같은 실수를 하지 않을 것이기 때문이다. 그런 연습이 차차 익숙해지고 나니 스스로에게 조금씩 쿨해졌다.

하루 스케줄을 세울 때도 나를 객관화하면 시간을 투자해야 할 일과 그렇지 않은 일, 과감하게 늘리거나 줄여야 하는 일들이 명확하게 보인다. 그리고 해야 할 일의 우선순위에 대한 감각도 생긴다. 적당한 선에서 타협하지 않고, 반드시 지켜야 할 목표치나 하루 동안 해야 할 공부의 할당량에 대해서도 냉정한 잣대가 생긴다. 나를 남처럼 거리두기하고 바라보면 감정에 휩쓸리지 않고 이성적, 객관적으로 판단할 수 있기 때문에 오히려 더 많은 능력을 꺼낼 수 있다.

그러면 열심히 해야 할 때와 그렇지 않을 때를 구분하는 일도 명확해진다. 공부하는 것도 아니요, 쉬는 것도 아닌 채로 두루뭉술하게 시간을 보내던 태도를 고치는 데도 도움이 된다. 현대 경영학의 창시자로 알려진 세계적인 경영학자 피터 드러커는 경영 일선에서 압박감을 많이 받는 CEO들을 향해 "빈둥거리기는 쉬워도 휴식하기는 어렵다"고 말하며 진정한 휴식의 중요성을 상기시켰다고 한다. 비록 짧은 시간이라도 그 무엇에도 방해받지 않고 제대로 휴식을 취하고 나면 그만큼 집중력이 좋아진다. 자신에게 마냥 너그럽거나 혹독한 태도를 버리면 선택과 집중의 전략도 잘 쓰게 된다.

나를 소중한 사람으로 대하자

나 자신을 내가 사랑하는 사람, 내게 소중한 사람이라고 생각하면 나를 대하는 태도가 사뭇 달라진다. 소중한 사람과의 약속이 잡혔을 때를 생각해보자. 약속 1주일 전부터 가슴이 설레고, 약속을 지키기 위해 다른 일들을 미리 해치운다. 또 그날의 동선을 세심하게 계획하고 어떤 옷을 입을지, 어디서 무얼 먹을지 등에 대해서도 철저히 준비한다. 소중한 사람과의 약속을 갑자기 취소하는 일은 상상조차 할 수 없다.

그런데 자신과의 약속은 어떤가. 아무렇지 않게 뒤로 미루거나 어겨버리고는 미안한 마음조차 갖지 않는다. 그만큼 자신을 소중히 여기지 않는다는 의미다. 나 자신을 소중한 사람이라고 생각한다면, 자신과의 약속에 대해서도 훨씬 이행력이 높아지게 된다. 나를 사랑하고, 나와의 약속을 소중히 여기고, 신의를 반드시 지키면 좋겠다. 그렇다면 아무리 작은 일이라 해도 함부로 여기거나 쉽사리 포기하는 일은 절대 없을 것이다.

지금껏 내가 지키려 노력해온 나 자신과의 약속은 '자투리 시간에 원하는 내가 되자'였다. 레지던트 시절부터 병원을 개원한 이후에도 1~2시간의 자투리 시간을 무조건 확보해서, 그 시간 안에 원하는 내가 되기 위해 작은 성취들을 계속해왔다. 그리고 그 약속을 지금껏 지켜오고 있다. 자투리 시간을 모아보면 매일 최소한 1시간 30분 정도는 만들 수 있다. 그 시간을 활용해 영어 에세이를 통째로 외우고, 금융과 재테크 공부를 하면서 경제관념을 세우는 중이다. 자투리 시간을 활용해 경제 공부를 한 덕분에 지난해에는 적지 않은 돈도 벌 수 있었다.

자투리 시간을 잘 이용하려면 시간을 잘게 쪼개서 사용하는 것이 좋은데, 나는 대략 20분 단위로 쪼개서 사용한다. 그러면 무심결에 흘러버리기 쉬운 짧은 시간들도 아주 유용하게 쓸 수 있다. 아침에 일어나서 30분 정도 자투리 시간을 확보해 명상과 독서를 한다. 출근 후 20분 정도의 여유 시간에 오늘 할 일을 정리한다. 점심에 30분, 집에 돌아와 약 1시간을 확보할 수 있는데, 이 시간들을 활용해 목표했던 경제 공부를 한다.

이처럼 나는 나와의 약속을 철저하게 지켜냈고, 그 경험을 통해서 내가 변화되는 것을 직접 목격했다. 나를 바꾸면 환경이 바뀌고, 어느새 나의 삶도 달라진다. 지금의 나는 차곡차곡 내가 원하는 것들을 이루어내며 나날이 성취감을 누적하고 있다. 기억하자. 자신을 소중히 여기는 사람은 자신과의 약속을 철저히 지킨다는 것을.

Tip 나를 사랑하는 사람으로 대하자. 부정적인 감정이 들 때는 '공부하는 나'를 객관적으로 바라볼 수 있도록 분석 노트를 써보고, 힘들고 피곤할 때는 아픈 친구를 대하듯 충분히 휴식할 수 있도록 아껴주자.

공부할 때 인간관계는
포기해야 하나요?

내가 만나는 모든 사람은 어떤 점에서는 나보다 뛰어나다.
나는 그들로부터 그 점을 배운다.

| 에머슨 |

"이제 시험 공부를 시작해야 하는데 인간관계는 어떻게 해야 하나요? 연락을 다 끊고 잠수 타야 할까요?"

내 유튜브 채널 구독자들 중에는 수험생이 많다 보니 공부할 때 인간관계를 어떻게 유지해야 하는지 질문하는 이들이 무척 많다. 집, 학교, 일터, 그 외 모든 곳에서 우리는 관계를 맺으며 살아간다. 인간은 사회적 동물이기에 고립되어 혼자 살아갈 수 없는 존재다.

하지만 공부는 혼자와의 싸움이고 혼자 집중해서 시간을 보내야 하기 때문에 관계에서 잦은 갈등과 불화가 따라올 수밖에 없다.

연애 중이라면 남자친구나 여자친구에게 소홀하다는 핀잔을 듣기 일쑤다. 공부하느라 연락을 놓치거나 만남 횟수가 적어져서 결국 이별하는 이들도 많다. 가족이라면 수험생이라는 특권을 누릴수도 있지만 수험 기간이 길어진다면 서로 상처 주는 말이 오간다. 친구, 알고 지내는 선후배에게 오는 연락도 한두 번이야 넘어갔지만 이러다 사람을 잃는 게 아닌가 싶고 수험 생활도 하루 이틀이 아닌데 이런 식으로 '잠수' 타는 게 맞는지 매순간 판단하기가 어려운 게 당연하다.

인간관계, 정답은 없지만 해답은 있다

나는 공부할 때 인간관계를 철저하게 단절시키는 편에 속한다. 오롯이 공부에만 집중해 몰입의 효과를 빠르고 강하게 맛보고 싶기 때문이다. 자꾸 사람을 만나게 되면 아무래도 정신이 산만해지고, 공부에 몰입하던 흐름이 깨지게 된다. 특히 재수생 시절에 대학에 진학한 친구들과 만나다 보니 같이 놀게 되고, 놀다 보면 마냥 더 놀고 싶어져 고민이 많았다. 그때 내가 선택한 방법은 유혹을 원천 봉

쇄하는 '3단계 거리두기'였다.

그렇다고 외딴섬처럼 '절대 고립' 상태로 지낸 것은 아니다. 나와 같은 처지의 재수생 친구들과는 서로 도움을 주고받았고, 농구를 좋아했기 때문에 1주일에 두 번 정도는 친구들과 함께 운동을 하기도 했다. 이후로 각종 시험을 준비할 때에도 같은 목표를 가진 친구들과 스터디를 함께하며 공부를 중심으로 인간관계를 맺었다. 아무래도 같은 처지다 보니 서로 이해하는 영역도 넓었고 주고받는 정보도 도움이 되었다.

공부할 때 내가 맺어온 관계를 요약하자면 '인간관계의 미니멀리즘'을 추구했다고 볼 수 있을 것이다. 공부하는 환경이나 의지가 흔들리지 않도록 나를 중심에 두고 최소한의 관계를 유지한 것이다. 나의 경우, 혼자 잘 지내는 편이라 친구들과의 관계가 소원해져서 외롭거나 힘들지는 않았다. 하지만 이것은 나에게 해당하는 이야기일 뿐 모두에게 적용되는 이야기는 아니다.

관계를 통해 에너지를 얻는 사람이라면 공부를 위해 모든 관계를 끊어야 할 이유는 절대 없다. 주변인과의 적절한 유대 관계가 정서적 안정에 도움이 되는 사람이라면, 수험 생활을 하는 데 있어서 방해가 되지 않는 선에서 만나는 것도 문제가 되지 않는다. 마음이 힘들거나 지칠 때 혼자만의 시간을 갖길 원하는 사람이 있는가 하면, 친구들과 만나 대화를 나누면서 스트레스 푸는 유형의 사람들이 있다. 공부할 때도 마찬가지다.

따라서 반드시 주변 사람과의 관계를 단절해야 한다는 식의 단정적 해법은 의미가 없다. 내 주변을 둘러봐도 여럿이 모여서 공부해야 학습 능률이 오른다는 외향적인 사람이 있고, 철저히 혼자 공부해야 능률이 오른다는 내향적인 사람이 있다. 또 친구들과의 만남으로 스트레스를 덜어내야 수험 생활이 지속되는 사람이 있고, 친구들과의 만남이 오히려 공부 집중에 방해가 된다는 사람이 있다.

오히려 중요한 것은 관계에 있어 자신이 어떤 성향의 사람인지를 먼저 파악하고, '필요'에 따라 관계를 선택적으로 맺어나가는 것이다. 수험 생활은 짧을수록 좋다. 평생 수험 생활을 하고 싶어 하는 사람은 없다. 이때일수록 자신의 필요와 철저한 계획에 따라 움직이는 관계 마인드가 필요하다. 자신의 성향을 파악하고, 선택적인 관계를 맺고, 이런 선택을 솔직하게 전달하는 사람에게 응원이 아닌 방해가 되는 관계라면 나중에도 별 볼 일 없는 관계일 가능성이 높다. 지금 잘라낸다 해도 손해 볼 일이 없는 것이다.

질투와 시기 vs 존경과 배움, 관계에서 무엇을 배울 것인가

병원 개원을 앞두었을 때였다. 피부과 병원이기 때문에 레이저 시술이 많이 사용되는데, 좀 더 실력이 붙으면 개원하는 데 자신감이 더 생길 것 같아 레이저 시술을 제대로 배울 방법을 고심하고 있었다. 개원을 준비하며 알고 지내던 의료기기 회사 사장님께 혹시나 하는 마음에 고민을 토로했더니, 마침 레이저 분야의 최고 실력자인 의사 선생님 병원에서 의사를 구하고 있다며 소개해주셨다.

이 의사 선생님으로 말할 것 같으면, 하루에 혼자서 100~150명의 환자를 치료하실 정도로 실력도 뛰어나고, 관련 분야의 논문도 여러 권 내신 최고의 선생님이셨다. 나는 더도 고민하지 않고 그 병원에 찾아갔다. 의료기기업체 사장님은 '까다로운 분'이긴 하다는 끝말을 남겼지만 지체할 이유가 없었다.

"이 선생, 내가 바빠서 자세한 설명은 해줄 수 없을 거예요. 따라는 다니되, 듣는 이야기가 없다고 실망하지 마세요."

제대로 레이저 시술을 배우겠다는 포부로 선생님을 처음 찾아뵌 날 선생님께서는 딱 이 한마디를 건넨 후 홀연히 자리를 떠나셨다. 병원을 소개해준 사장님 말씀이 언뜻 스쳤지만, 성실한 자세로 임하다 보면 언젠간 마음을 열어주실 것이라고 믿고 선생님 뒤를 열심히 따라다녔다. 어렵사리 얻은 기회임을 알기에 무엇이든 배우겠다고 마음먹었다. 내 목표는 '8개월 안에 피부 레이저를 마스터하겠다'는 것이었고, 그렇게 병원과 집을 오가며 관련 서적도 열심히 읽었다. 매일 선생님 뒤를 쫓아다니는 일도 멈추지 않았다.

그렇게 1년을 넘어 2년에 다다랐다. '8개월'이라는 목표 기간을 넘은 지 한참이 지났다. 개원 시기가 늦어질수록 점점 조바심이 났지만, 나는 포기하지 않았다. 개원에 꼭 필요한 의료 기술이기 때문이었다. 그러던 어느 날, 잠깐의 휴식 시간에 선생님과 대화를 나눴다.

"이 선생은 지치지도 않아? 벌써 2년이 지났어. 내가 친절하게 가르쳐주는 편도 아닌데 어쩌면 불평불만도 없나?"

"아닙니다. 선생님 어깨 너머로 많이 배우고 있습니다."

"참, 포기를 모르는 친구일세. 허허. 모르는 게 있으면 물어봐요. 내 친절한 성격은 못 되지만, 이 선생한테는 시간을 내보겠으니."

2년 가까이 당신을 따라다니는 끈기와 집념에 선생님 마음도 움직인 것일까. 그날 이후로 선생님은 당신이 알고 계신 모든 것을 전수해주셨다. 오랜 인고의 열매 맛은 달디달았다. 선생님의 사소한 한마디도 주옥같이 느껴졌고, 알려주시는 것을 하나라도 잊지 않으려 머리와 가슴에 고스란히 새겼던 기억이 생생하다.

공부할 때도 마찬가지다. 나보다 공부 잘하는 친구는 어디나 있다. 하지만 어떤 일에서든 승부를 보기 위해서는 나보다 잘나가는 사람, 나보다 돈이 많은 사람을 시기하는 마음을 벗어던져야 한다. 내 삶의 중심이 나 자신이 되면 굳이 타인과 비교해 내가 잘났다거나 모자라다고 판단하지 않는다. 모든 기준은 나 자신이고, 나의 경쟁 상대 역시 나 자신이기 때문이다.

늘상 전교 1등을 하는 친구가 있다. 전문직으로 성공해 돈을 많이 버는 지인이 있다. 그들을 부러워하거나 시기, 질투해서 내가 얻는 게 무엇일지 생각해보자. 마음이 행복해지는 것도 아니요, 성적이 오르는 것도 아니고, 돈을 잘 벌게 되는 것도 아니다. 시기하고 질투함으로써 얻어지는 것은 부정적인 감정뿐이다. 그 감정은 나를 갉아먹는 어두운 에너지가 되고, 결과적으로는 나만 손해를 본다.

나는 시기나 질투의 감정 대신 그 사람의 장점이나 강점을 파악해보길 권한다. 비교의 감정으로 그늘을 만드는 대신, 나를 발전시키는 자극제 내지는 좋은 본보기로 여기는 것이다. 늘 1등하는 그 친구는 수업 태도가 어떤지, 쉬는 시간은 어떻게 활용하는지를 살펴본다. 분명 남다른 점이 있을 것이다. 자기 분야에서 성공한 사람이 있다면, 성공했다는 사실 말고 그 자리에 오르기까지 그 사람의 노력을 인정하고 벤치마킹할 것은 없는지 찾아보자.

성인이 된 후 나는 삶의 중심에 나를 두었기에 다른 사람의 성공을 질투하거나 시샘하지 않았다. 오히려 어떻게 그런 성공을 거두었는지, 남다른 점이 무엇인지 배우고 싶다는 마음이 앞섰다. 내가 호의를 갖고 마음을 열면 기회 역시 호의를 갖고 나를 찾아온다는 걸 알기 때문이다. 경쟁 상대라고 여겼던 사람이 내게 도움이 되는 조언을 해준다거나, 스스로 깨달음을 얻기도 한다.

질투와 시기의 마음, 그리고 존경과 배움의 마음. 그중 무엇이 자신을 발전시키고 행복하게 하는 기폭제가 될까? 답은 너무도 분명하다.

좋은 사람을 내 편으로 끌어당기는 힘

공부할 때 나는 관계의 미니멀리즘을 추구하는 스타일이라고 했지만, '사람에게서 얻는 에너지'를 부정하지는 않는다. 좋은 에너지를 가진 사람이 있다면 그와 좋은 관계를 맺고 잘 유지하는 것도 필요하다. 특히 배려심 많고 긍정적이고 진취적인 에너지를 가진 사람은 자신뿐 아니라 주변에도 활발한 기운을 전해준다. 이런 친구들은 내가 지쳐 있거나 우울할 때 나를 끌어올리기도 하므로 절대 놓쳐서는 안 된다.

회사의 대차대조표를 쓰듯 이해관계를 따져 관계를 유지하라는 말이 아니다. 좋은 사람들과 함께 발전적이고 생산적인 관계를 유지하라는 말이다. 공부를 잘하고 싶다면 공부 잘하는 친구와, 사업에 성공하고 싶다면 사업에 성공한 사람과 가까이 지내는 건 당연한 상식이다.

32년 동안 12,067명의 인간관계와 비만의 상관관계를 추적 조사한 하버드대학의 의학사회학 교수인 니컬러스 크리스태키스 연구팀은 친한 친구가 비만이 될 때 본인 또한 비만이 될 가능성이 171퍼센트 증가한다고 보고한 바 있다. 가족이나 이웃보다 친한 친구의 영향력이 가장 크다는 연구 조사였다. 비만인 친구의 체형을 보면서 '체형에 대한 생각을 바꾸는 것'이 이유였다.

결국 좋은 사람, 도움이 되는 사람을 만나는 것도 중요하지만 주변 사람들에게서 무엇을 보고, 무엇을 배울 것인지 생각하는 나의 태도도 중요하다. 공자는 "셋이 함께 길을 걸으면 그중에 한 명의 스승이 있다"고 했다. 스승이 없어서가 아니라, 스승을 곁에 두고도 눈이 먼 까닭에 알아채지 못한다는 의미다. 마음을 열고 눈을 크게 뜬다면 우리 주변에는 배워야 할 것들로 가득 찬 스승이 생각보다 많이 존재함을 알 수 있을 것이다.

Tip 내게 지금 좋은 영향력을 행사하는 사람은 누구인가, 나쁜 감정을 일으키고 시간을 허비하게 하는 사람은 누구인가를 써보자. 복잡하던 인간관계가 내 삶에서 조화로운 하모니를 일으킬 수 있도록 관계 조정의 시간을 가져보자.

나는 느리다는
불안함을 넘어서

길에는 언제나 모퉁이가 있고,
그 너머에는 새로운 세계가 펼쳐져 있는 법이다.

| 루시 모드 몽고메리 |

우리가 슬럼프에 빠지거나 마음이 자꾸 불안해지는 것은 성적이 오를까에 대한 불안감 때문이다. 이런 불안감의 가장 큰 원인은 자신을 믿지 못하는 데 있다. 특히 공부에 있어 자신이 목표한 바를 이루어낸 경험이 없는 경우 더 쉽사리 불안감에 빠지곤 한다. 자신이 어디까지 해낼 수 있는지 가능성을 확인해본 경험이 없기 때문이다.

시험에 한 번 낙방이라도 한다면 그 불안감은 더 커진다. 함께 공부하던 친구들 중에 합격한 사람이 나오면, 저 사람은 급행열차를 타는데 내 인생은 완행열차인 것만 같다. 비단 시험까지 가지 않아도 같은 강의를 들었는데 나보다 빨리 흡수하는 사람을 보면 '나는 왜 이리 느릴까' 싶다. 계획을 세우고 하루 이틀 지키지 못하고 나면 '나는 원래 글러먹었어'라고 자기 자신을 쉽게 단정하기도 한다.

그럴 때일수록 자신의 과거에 얽매여서는 안 된다. 과거의 나와 새로운 나를 철저하게 구분한 뒤 새로 출발해야 한다. 과거의 나는 잠도 많고, 게으르고, 여러 핑계를 대며 자신과의 약속을 어겼다. 그 외에도 여러 가지 문제점들이 있을 테다. 그런 것들을 하나씩 고쳐 나가는 것이다. 공부 자존감으로 마인드 컨트롤만 할 수 있다면 누구든 단점을 고칠 수 있다.

하루에 1퍼센트씩, 100일 동안 완성하는 습관

나는 수험생 시절 하루에 1퍼센트씩 나의 단점을 보완하려고 노력했다. 한꺼번에 다 고치려 들면 심적인 부담도 클뿐더러 의지력만으로 성공하기 어렵다. 오랜 시간 내 몸에 들러붙어 있던 나쁜 습관들이 관성을 발휘해 변화를 거부하고 원래대로 돌아가려 하기 때문이다. 나쁜 습관과의 이별에도 시간과 전략이 필요하다.

만일 아침잠이 많아서 새벽 기상이 어렵거나 잦은 지각을 한다면 어떻게 해야 할까? 아침 8시에도 눈을 뜰까 말까 한 사람이 갑자기 새벽 5시에 일어나기란 쉽지 않다. 그럴 경우 내 몸이 눈치 채지 못할 정도로 아주 조금만 변화를 주면 된다. 2시간, 3시간이 아니라 기상 시간을 10분만 당겨보는 것이다. 그렇게 1주일 정도 해보고 괜찮다 싶으면 10분을 당기고, 또 괜찮다 싶으면 다시 10분을 당긴다. 1주일에 기상 시간을 10분씩만 당기면, 100일 후엔 무려 2시간 넘게 기상 시간을 당길 수 있다.

하루에 1퍼센트씩 바꾸면 100퍼센트가 완성되는 데 100일 정도가 걸린다. 습관을 만드는 덴 적어도 100일 정도는 필요하다. 그래서 욕심내지 말고 1퍼센트씩 단점을 보완하는 연습을 하길 권한다.

새로운 도전을 할 때 과거의 내가 지금의 나를 방해해서는 안 된다. '나는 원래 그랬던 사람이야'라고 자신을 평가절하하는 순간 새로운 출발선에서 한참이나 뒤로 후퇴하는 셈이다. '나는 원래 잠이 많은 사람이야'라고 하지만 원래 잠이 많은 사람이란 없다. 그저 잠을 많이 자기로 선택했을 뿐이며, 그런 습관을 가진 과거의 자신과 단절하지 않았을 뿐이다.

'과거의 나'와 '지금의 나'를 분리하는 것을 잊지 말자. 과거의 나는 약속을 자주 어겼지만, 지금의 나는 약속을 잘 지킬 수 있다. 과거의 나는 늘 독서에 실패했지만, 지금의 나는 하루 30분은 반드시 책을 읽는 사람이 될 수 있다는 사실을 기억하자. 과거의 밤마다 야식과 폭식을 즐겼던 나도 지금의 나는 7시 이후로는 음식을 먹지 않는다.

우리는 얼마든지 바뀔 수 있다. 원래 그랬던 건 없으니까. 과거에 내가 했던 고질적인 나쁜 습관들이 현재의 나까지 이어질 필요는 없다. 지금 나는 바뀌어나갈 것이고 새로운 사람이 될 것이라고 다짐했다면, 어제의 나와는 결별을 선언해야 한다. 자꾸 실패의 방향으로 나를 끌고 가려는 나쁜 습관들이 가득한 나는 깨끗이 잊어버리고, 새로운 나를 만나자.

손에 잡히는 현실적인 이정표를 세워라

많은 수험생들이 가장 두려워하고 무서워하는 것은 바로 성적과 합격에 대한 불안감이다. 그러한 불안감을 해소해야 성적도 오르고, 불합격에 대한 공포심도 버릴 수 있다. 그러기 위해 목표, 목적을 조금 다르게 설정해보는 것이 도움이 된다. 나는 현실적으로 달성 가능한 목표를 이정표라고 부른다. 경부고속도로를 타고 서울에서 부산에 도착하기까지 '부산'을 가리키는 수많은 이정표를 만나는 것과 마찬가지다. 이정표를 만나고 나면 내가 향하고 있는 지점이 목표가 맞는지 아닌지를 확인할 수 있고, 또 목표 지점에 가까워지니 안심할 수 있다.

물론 손에 잡히는 현실적인 이정표가 있다고 해서 궁극적인 목표 자체가 달라지는 것은 아니다. 예를 들어 '10킬로미터 마라톤 대회에 나가 완주한다'는 큰 목표를 세웠다고 하자. 그러면 그 목표를 이루기 위한 준비가 필요하다. 이 준비들이 바로 현실적이고 구체적이고 세부적인 목표가 된다. 먼저 몸을 만들기 위해 기초 체력 운동을 한다든지, '오늘은 1킬로미터를 5분 만에 주파하겠다'거나 '내일은 1킬로미터를 4분 30초 만에 주파하겠다'는 식으로 구체적인 목표를 수립하고 계획을 짜야 한다. 큰 목표를 이루기 위한 구체적인 설계도가 수립되어야 목표의 실현 가능성도 높아지기 때문이다.

나는 해마다 이런 식으로 큰 목표와 그것을 이루기 위한 세부 목표를 설정한다. 병원 경영이 안정을 찾은 지난해에는 영어 공부를 다시 시작해서 프리토킹을 해보겠다는 큰 목표를 세웠다. 그것을 달성하기 위해 영어 문법 공부, 영작 공부, 영어 회화 친구 사귀기 등의 월별 계획, 즉 이정표를 설정해 목표 지점까지 달려 가봤다.

영어 공부에 공백이 있었기 때문에 일단 문법 공부부터 다시 하기로 했다. 1~3월은 영어 토익 문법, 4~8월은 영어 에세이 50개 암기, 9~12월은 영어 회화 공부를 위해 외국인 친구를 사귀어 실제로 대화하기 등으로 세부 목표를 정했다. 목표는 프리토킹이지만 제대로 성과를 내려면 단계를 차근차근 밟아나가는 것이 중요하기에 그에 맞춰 목표와 실행 계획을 세웠다.

운동을 배울 때도 마찬가지였다. 골프를 배운다면 책으로 기본적인 이론을 익히고, 골프를 치기 위한 동작들을 하나하나 연습하며 실전으로 나아갔다. 무엇이든 기본이 탄탄해야 흔들림이 없기 때문이다. 큰 목표를 세우고, 세부 목표를 세운 뒤 실행하는 것이 중요한 이유가 여기에 있다.

비교적 쉬운 이정표라고 할 수 있는 세부 목표를 설정하고, 그것들을 자주 달성하면 성취의 맛을 볼 수 있다. 이런 작은 성취의 경험들이 쌓여 동기부여가 되면 공부가 즐거워지고, 더 어려운 과제나 더 큰 목표를 향한 도전도 쉬워진다. 성공의 경험은 DNA처럼 우리 세포에 차곡차곡 누적돼, 작은 성공을 많이 경험한 사람들이 큰 성공에 도달하는 확률이 높아진다는 연구 보고도 있다.

'이렇게 열심히 공부했는데 합격 못하면 어떡하지?', '이번에 떨어지면 군대 가야 하는데 어쩌지?' 이런 생각을 하다 보면 돌림노래처럼 불안이 꼬리에 꼬리를 물고 어느새 집중력은 바닥이 나 버린다. 책상 앞에 앉아 있다 한들 공부가 될 리 없다. 그럴 때는 큰 목표는 잠시 잊고 달성 가능한 작은 목표를 정하는 것이다.

'난 이번 시험 때는 기본서를 처음부터 끝까지 딱 한 번만 보겠어요.'라거나 '이번 시험에서는 딱 한 등수만 더 올려보자'라는 식으로 실현 가능한 작은 이정표를 세우면 된다. 작은 것을 달성하고, 그 성공을 징검다리 삼아 더 큰 목표로 나아가자.

슬럼프를 대하는 자세

작은 이정표를 세워봐도 살다 보면 누구나 한 번쯤은 슬럼프를 겪게 된다. 단 한 번의 주춤거림이나 좌절 없이 늘 상승 곡선을 그리며 달려나가기만 하는 사람은 없다. 나 역시 재수를 하던 시절 매우 큰 슬럼프가 찾아와 힘들었던 기억이 있다.

그러면 슬럼프는 왜 찾아오는 걸까? 첫째, 처음 공부를 시작할 때 넘치던 파이팅이 지속되지 않기 때문이다. 이는 호르몬과 일부분 관련이 있다. 목표를 정하고 계획을 세운 뒤 에너지를 충전해서 달려가면 아드레날린이 솟구친다. 하지만 이런 고에너지 상태가 줄곧 지속될 수는 없다. 매일 같은 패턴이 반복되면 솟구치던 호르몬도 잦아들고, 비슷하게 반복되는 일상이 지겨워진다. 그러면 그 빈틈으로 성적이나 합격에 대한 불안함이 스멀스멀 들어와 슬럼프로 이어진다.

둘째, 내가 최선을 다해 노력했다고 생각했는데 그에 따른 보상이나 결과가 나타나지 않아서다. 가뜩이나 마음이 불안한데, 그 와

중에 시험 성적마저 떨어지면 곧장 슬럼프에 빠져 감정이 곤두박질 치게 된다.

이런 문제들은 누구나 경험하는 것들이지만, 특히 시험에 대한 인식이 잘못돼서 더 심각하게 고통받는 이들도 있다. 시험은 그간 공부한 것을 얼마나 습득했는지를 평가하는 것일 뿐인데, 마치 자신의 가치가 점수를 매겨지는 것처럼 생각하는 것이다. 내가 시험에서 60점을 받았다고 내가 60점짜리 인간이 되는 것은 결코 아니다. 이런 경우에는 먼저 시험에 대한 인식을 바꿔야 한다. 시험은 내가 무엇을 알고 모르는지 찾아내서 더 발전할 수 있도록 해주는 기회의 장일 뿐이다.

나 역시 가끔씩 찾아오는 슬럼프를 맞아야 했고, 고심 끝에 그것을 극복하는 나만의 방법을 찾았다. 먼저 나보다 공부를 더 잘하는 친구들에게 상담을 받는 것이었는데, 이 방법이 꽤 효과가 있었다. 친구들의 조언을 듣고 나면 최선을 다했다고 생각했던 나 자신이 부끄러워지면서 '나의 노력이 한없이 부족했구나'라는 생각이 들었다. 노력을 다했는데 결과가 나빴던 게 아니라 노력이 부족했기에 결과가 나빴던 셈이다. 그렇다면 더 노력하면 되니 좌절할 이유가 없다.

또 다른 방법으로는 휴식을 취하는 것이다. 공부가 유독 안 되는 날에는 큰 욕심 내지 않고 1시간만 밀도 있게 공부해보자고 마음을 먹었다. 목표한 만큼 공부하다가 1~2시간 더 할 수 있는 에너지가 생기면 더 하고, 그렇지 못하면 깔끔하게 반나절 정도 쉬었다. 자신을 쉼 없이 다그치기만 해서는 절대 안 된다. 제대로 달리기 위해서는 그만큼 힘을 비축하는 시간도 필요하다.

지치거나 집중력이 떨어질 때는 적절한 휴식을 취하는 게 오히려 슬럼프를 막는 방법이다. 나는 1주일에 반나절 정도는 낮잠도 자고 반신욕도 하면서 자신에게 달콤한 휴식을 주었다. 그러고 나면 다음 날 맑은 정신과 건강한 몸으로 공부에 몰입할 수 있었다.

깨어 있는 시간을 위해 잠든 시간도 소중히 하라

건강한 정신과 체력을 유지하면서 공부에 집중하기 위해서는 무엇보다 잘 자는 것이 중요하다. 잠을 어떻게 자느냐에 따라 다음 날 하루가 완전히 달라진다. 잠이 부족하거나 수면의 질이 떨어지면 예민해지거나 집중력이 흐려지고 감정적으로도 다운되기 쉽다.

수면의 질이 좋아지는 방법은 여러 가지가 있는데, 가장 중요한 것은 가급적 매일 일정한 시간에 취침하고, 본인에게 맞는 충분한 수면 시간을 확보하는 것이다. 매일 12시에 잠을 청한다고 가정해보고 알람 없이 일어나는 연습을 해보자. 충분히 수면을 했다고 생각되면, 낮에 활동하는 시간 동안 큰 피로감이나 졸음이 쏟아지는 증상이 없었는지 살펴본다. 그런 증상이 없었다면 본인에게 맞는 적정한 수면 시간이라 할 수 있다. 이것을 3~5일간 해보고 그 평균을 내면 자신의 적정 수면 시간이 나온다.

그리고 침대 등 잠자리에서는 휴대폰이나 TV를 보지 않는 것도 중요하다. 무의식중에도 뇌가 침대는 100퍼센트 잠자는 공간이라고 인식하도록 만들어주기 위해서다. 시간을 쪼개서 관리하듯 공간도 제 역할에 맞게 운용되도록 관리해야 한다. 만일 침대에서 휴대폰으로 게임을 하는 등 다른 일을 하는 게 습관이 되면, 뇌는 그 즐거움을 기억해둔다. 그리고 침대로 가는 순간 뇌에서 도파민이 나와 잠들지 못하는 일이 생긴다.

일단 침대에서는 휴대폰을 멀리하자. 공부하는 나는 다른 인격체라 여기고, 공부하는 나를 재우고 충분한 휴식을 취할 수 있게 컨트롤해야 한다. 학습 효과를 높이기 위해서 수면 시간만큼 중요한 것이 없다. 나는 평소에 수면을 충분히 취했던 편이고, 시험을 2주 정도 앞둔 시점부터는 조금씩 수면 시간을 줄여 갔다. 무슨 일이 있어도 하루에 5~6시간 정도는 반드시 수면을 취했다.

시험 당일에는 새벽 2시까지 공부하고. 잠시 수면을 취한 후 새벽 5시쯤 일어나 공부를 하다가 시험장에 갔다. 잠을 줄인다고는 하더라도 시험 전날에도 최소 2~3시간 정도의 수면은 꼭 필요하다. 그 정도의 수면조차 취하지 않으면 시험 시간에 오히려 집중이 안 될 수도 있기 때문이다. 사람마다 루틴이 조금씩 다르겠지만 시험 전날, 밤을 꼴딱 새우는 것은 권하고 싶지 않다. 이처럼 깨어 있는 시간뿐 아니라 잠들어 있는 시간도 잘 관리해야 한다. 수면의 질이 깨어 있는 시간의 질을 결정한다.

이렇듯 오랫동안 공부를 하다보면 저절로 마음 속 한 편에 불안이 싹트곤 한다. 함께 공부하는 누군가와 자신을 비교하고, 내 노력의 가치를 폄하하며 슬럼프에 빠지기 쉽다. 이럴 때일수록 내가 할 수 있는 것들에 시선을 집중시켜야 한다. 목표를 향하는 작은 이정표를 세워보기도 하고, 지친 나를 위로할 수 있는 짧은 시간들을 마련해볼 수 있어야 한다. 나를 돌아보는 작은 습관 하나가 반드시 끝내 나의 불안함을 잠재워줄 강력한 무기가 되는 순간이 올 것이다.

Tip 1퍼센트씩 100일이 모여 고치고 싶었던 습관 하나를 고친다. 목표 점수나 합격이라는 큰 목표를 세우기 위해 100개의 이정표를 따라간다. 쪼개기의 기술을 마인드 컨트롤뿐 아니라 매일의 계획과 실천에 적용해보자.

나는 소중한 사람이라는 결심

자신을 이 세상 누구와도 비교하지 마라.
그것은 스스로를 모욕하는 일이다.

| 빌 게이츠 |

서른한 살, 나는 생애 첫 페라리를 샀다. 어릴 적부터 자동차 덕
후였던 내게 페라리는 그야말로 '드림 카'였고 인생의 목표를 향해
달려온 고진감래의 보상이었다. 당시 샀던 페라리의 가격이 5억 원
정도였으니, 꿈을 향해 열심히 달려온 나의 20대가 사회적으로나
경제적으로 탄탄한 기반을 만들어준 징표라고 생각하고 싶었다.

그런데 어쩐 일인지 페라리를 사고 3개월이 지나자 기쁨은 온데

간데 없이 사라지고 말았다. 한계효용체감의 법칙이 내게도 고스란히 적용됐다. 3개월 동안은 꿈을 이룬 양 하늘을 날 것 같았지만, 3개월이 지나자 행복감이 계속 떨어져갔다. 그럼에도 불구하고 페라리가 내게 의미하는 꿈, 성공, 보상, 선물, 행복 같은 의미들 때문에 첫 페라리를 2년 정도 소유했다.

페라리와 함께했던 2년을 돌이켜보면, 이로 인해 많은 인간관계를 맺었다. '페라리 카스트'가 있는 것이 아닌가 착각이 들 정도로 페라리를 사고 나니 펜트하우스의 입장권이 주어진 느낌이었다. 그런데 아이러니하게도 페라리가 더 이상 내게 행복감을 주지 못한다고 여겨 차를 팔고 나니, 페라리로 인해 맺어진 인연들이 하나둘 사라지더니 얼마 가지 않아 거의 다 없어지고 말았다. 그 인연들은 나란 사람의 가치가 아닌 자동차의 가치를 보았던 것이다.

사는 동네나 아파트 단지로 친구를 구분 짓는다는 사회문제는 뉴스에서 여러 번 들어봤지만, 차 한 대로 인간관계가 좌지우지된다니 어처구니가 없었다. 물론 그런 외양과 별개로 묵묵하게 자리를 지키며 한결 같은 인연도 있었다. 나는 그때 겉치레만 따지는 냉혹한 현실을 몸소 체감하며 인간관계의 허탈감과 상실감을 동시에 느꼈고, 그것이 인생의 두 번째 터닝 포인트가 되었다.

다시, 인생의 터닝 포인트를 만나다

나는 그때 이런 결심을 했다. 겉치레의 가치로 나를 포장하지 말고 '진짜 나의 가치'를 높여야겠다고. 그 페라리를 떠나보내고 나서 나는 더욱더 자기계발에 몰두하기 시작했다. 책을 읽거나 공부를 하며 내면을 충실하게 하고자 온 신경을 집중했다. '앞으로 나는 무슨 일을 해서 먹고살아야 할까?'라는 고민도 그때부터 본격적으로 하기 시작했다.

나의 가치를 높이는 방법 중 책 읽기만큼 좋은 건 없다고 생각한다. 나의 경우 다방면으로 알고 싶은 것, 배우고 싶은 것이 많은 편이다. 하지만 관련 분야 전문가들을 일일이 찾아다니면서 배운다는 것은 현실적으로 불가능하다. 이때 책만큼 좋은 스승이 없다. 책은 구비하는 데 비용이 많이 들지 않고, 언제 어디서든 원하면 펼쳐서 읽을 수 있고, 얼마든지 반복해서 복습할 수 있다.

책을 통한 간접경험을 쌓아두면, 이것이 지적인 토대가 되어 이후 직접 경험할 때 더 빠른 속도로 습득할 수 있게 해준다. 나는 콘텐츠 기획과 영상 편집, 와인, 골프에 대해서도 책을 통해 배웠다. 그뿐인가. 음악, 예술, 역사 등 다방면의 책을 읽으며 지적인 교양을 쌓고, 취미로 즐겼다.

그러다 보니 사회생활을 하면서 더 다양한 사람들과 깊이 있는

268

만남으로 이어질 일도 많아졌다. 와인이면 와인, 음악이면 음악, 공통의 관심사가 접점으로 자리해 좋은 인연들을 만나고 인맥을 넓히는 데도 도움이 되었다. 다양한 사람들과의 만남을 통해 새로운 세계를 접하는 즐거움을 알게 되고, 그것이 삶의 지평을 넓혀주며 지금도 나를 성장시키고 있다.

세계적인 투자가 워런 버핏은 펜실베이니아대학 와튼스쿨에 다니던 학생 시절, 이미 독학으로 투자와 경제에 대해 상당한 지식을 갖고 있었다. 그러다 가치투자의 창시자인 벤저민 그레이엄의 『현명한 투자자』를 읽고 상당한 충격을 받아 그때부터 그레이엄을 자신의 정신적인 스승으로 모셨다고 한다. 심지어 하버드대학 경영대학원에 떨어지자 그레이엄이 강의를 했던 컬럼비아대학의 경영대학원에 진학할 정도였다. 투자에 대한 타고난 감각도 있었지만, 그것을 넘어서는 탐구심과 집념이 있었기에 오늘날의 버핏이 존재한다.

단순히 돈이나 명예만을 좇을 게 아니라 나의 가치를 높이는 것이 먼저다. 꾸준하고 성실한 노력으로 배움을 멈추지 않고, 자신이 원하는 것을 하나하나 습득하다 보면 어느새 발전된 자신을 만나게 된다. 내가 진정으로 원하는 모습의 내가 된다면, 페라리가 없어도 행복할 수 있다. 페라리가 주는 3개월짜리 행복과는 비교도 할 수 없는 충만함이 내면을 꽉 채우기 때문이다.

목표를 움켜쥐고 꿈을 향해 달려가자

나는 어렸을 때부터 사람을 살리는 흉부외과나 내과 계열의 의사가 되고 싶었다. 하지만 막상 의사가 되어 내가 원했던 분야의 의사들이 어떻게 살아가는지 현실을 마주하니, 막연히 생각했던 것과는 너무도 달랐다. 그들에겐 본인과 가족의 삶이 거의 없다시피 했다. 대학병원에 기거하며 오로지 환자만을 위해서 살아가고 있었다.

그 모습을 보고 나는 깊은 고민에 빠졌다. '진정 내가 그들처럼 살아갈 수 있을까?', '이 일이 정말 나에게 잘 맞을까?' 의사로서의 사명감도 중요하지만, 내가 그것을 잘 해낼 수 있을지 여부를 냉정하게 판단하는 것이 필요했다. 나는 그들처럼 살신성인의 자세로 살아가는 것에 자신이 없었다. 그래서 나는 피부과 쪽으로 진로를 결정했다.

성인이 되어 사회에 나오면 하루 중 60퍼센트 이상을 일하면서 보내게 된다. 어떤 일이든 재미가 있고 흥미가 있으면 효율이 오르게 마련인데, 평생 해나가야 할 일이 즐거운 일이 아니라면 인생에 있어 큰 불행이 될 수 있다. 어렸을 적에 꿈꿨던 일들도 막상 해보면 본인과 성향이 맞지 않을 수도 있고, 하기 싫을 것만 같던 일도 막상 해보면 흥미로운 일이 되기도 한다.

자신이 좋아하는 일, 원하는 일을 찾아나서는 것은 좋지만 겉으로 보이는 화려한 면만 보고 선택하지는 말아야 한다. 어떤 일이든 그 이면에는 힘들고 고통스러운 부분이 있다. 모든 일이 그렇듯 겉으로 보이는 것과는 다른 점이 많다. 성형 수술 후 예뻐졌을 얼굴만을 생각하는 이들이 많지만, 수술 전 준비 과정과 수술에 따르는 주의점, 그 이후의 힘든 회복 과정에 대해서는 고민하지 않는다.

"박지성처럼 멋있는 축구선수가 될래", "김연아가 너무 멋져서 나도 피겨스케이팅을 하겠어" 하는 식의 단순한 사고방식으로 직업적 목표에 접근해서는 절대 안 된다. 의사는 돈을 많이 벌 테니까, 공무원은 평생직장이니까 하는 표피적인 사고가 아니라, 자신이 좋아하고 잘하는 일에 대한 고민이 선행돼야 한다. 그러려면 그 일에 대한 사전조사를 철저히 할 필요가 있다.

사전조사의 첫걸음은 일단 그 분야에 관련된 공부를 하는 것이다. 어떤 일이든 막연한 생각과 실전은 매우 다르다. 그래서 자신이 좋아하는 일을 하기에 앞서 일단 그 분야의 일을 경험해보라고 권하고 싶다. 실제로 경험해봐야 그 일이 적성에 맞는지, 내가 잘해낼 수 있는지를 파악할 수 있다. 그리고 사전 공부를 통해 베이스를 쌓아두고 덤비면 두려움이 없기에 더 적극적으로 도전할 수 있다.

그런데 이때 꿈을 꾼다는 것과 직업적 목표를 갖는다는 것을 구분할 필요가 있다. 직업적으로는 분명 목표를 설정하고 그 목표에 맞게 단계별로 철저한 실행을 하는 것이 중요하다. 하지만 꿈은 그렇지 않다. 꿈은 내가 이루든 못 이루든 마음에 남아 있는 열정이다. 반드시 달성을 목적으로 하는 직업적 목표와는 다르다. 그러니 꿈이 주는 행복감을 품되 목표가 주는 부담감은 버리자. 꿈을 꾸고 그것을 위해 노력했다는 자체로 즐기자. 이는 행복하고 젊게 사는 방법이며 자신을 소중하게 여기는 삶으로 이어진다.

사실 나에게는 아주 큰 꿈이 있다. 죽을 때 "저 선생님이 죽으니 도서관이 타들어가는 것 같다"라는 말을 듣고 싶다. 그게 궁극적인 나의 꿈이다. 그만큼 많은 지식과 경험을 쌓고 그것을 나눠주는 사람이 되고 싶다. 내가 유튜브를 하고 책을 쓰는 것도 모두 그 꿈을 이루는 과정의 하나다.

일상에 숨겨진 기쁨을 찾는 행복

이른 아침에 일어나 마시는 따끈한 한 잔의 커피, 매일 물을 준 화분에서 예쁘게 피어난 꽃, 기분이 울적할 때면 이야기를 들어주는 친구 등 생각해보면 우리 주변엔 기쁨을 주거나 감사를 느끼게 하는 일들이 아주 많다. 다만 그것들을 발견해내지 못할 뿐이다. 자신을 소중히 여기는 사람들의 특징을 살펴보면 이처럼 일상에서 만나는 소소한 기쁨을 잘 찾아내고, 이를 자주 만끽한다.

나는 유튜브 방송을 하며 구독자들과 만나는 것이 무척 즐겁다. 내게 공부할 수 있는 시간이 있다는 것, 공부하며 깨달은 방법들을 다른 사람들과 나눌 수 있다는 것, 그것이 다른 이들에게 도움이 되기에 감사하다. 오랫동안 준비하던 시험에 드디어 합격했다며 기쁜 소식을 공유해주는 구독자들의 메일과 그리 대단할 것 하나 없는 영상에 남겨진 소중한 댓글들을 볼 때마다 마음 속 깊은 곳에서부터 벅차오름을 느낀다. 구독자들의 피드백을 통해 도움을 받았다는 반가운 소식을 접하면 내 일처럼 기쁘다. 또 타인의 성장을 돕는 일이 궁극적으로는 나의 성장으로 연결되기에 행복이 더해진다.

그뿐 아니다. 나는 진료를 하다가 환자들과 소소한 대화를 나누거나 때로는 인생 얘기를 할 때도 있다. 그러면 환자들과 친밀감도 형성되고 진료 의식도 높아진다. 의사 대 환자라는 사무적 관계로 진료할 때와 달리, 더 포괄적인 정보를 얻을 수 있어 당연히 진단과 치료에도 도움이 된다.

일하던 중 받는 아이의 전화도 내게는 비타민과 같다. 휴대폰 너머에서 울려 퍼지는 "아빠 언제 와요?" 하는 아이의 목소리를 들으면 미소가 절로 나오고 일하며 쌓인 피곤이 한순간 싹 가신다. 일상의 곳곳에서 느끼는 사소한 기쁨들이 모여 행복이라는 커다란 감정으로 다가온다. 불평 어린 시선으로 트집을 잡자면 맘에 들지 않고 짜증나는 일투성이지만, 감사한 마음을 갖고 바라보면 주변에는 감사

할 일도 감사할 사람도 많다. 그리고 궁극에는 기분 좋은 감정들이 나를 감싸게 된다.

기쁨을 찾는 것도 연습이 필요하다. 하지만 우리는 기쁨을 찾는 것보다 나를 짜증나게 하는 것, 기분 나쁘게 만드는 것, 또 나를 불안하게 만드는 것들을 찾아내는 데 더 익숙하다. 어렸을 때는 내일 눈이 내릴지도 모른다는 일기예보에 한껏 기대에 부풀어 쉽게 잠을 이루지 못했을 정도로 눈을 좋아했지만, 어느새 나는 눈이 내린다는 소식에 출퇴근길 걱정부터 하며 미간을 찌푸리는 사람이 되었다. 이제부터라도 나쁜 것, 안 좋은 것, 짜증나는 것에 시선을 고정해 감정을 어둡게 만들지 말고 좋은 것, 감사한 것, 즐거운 것을 찾아내는 쪽으로 시선을 돌려보자. 의도적으로라도 작은 기쁨을 찾아내고 그것을 최대한 누려보는 것이다. 그러면 어느새 피로로 굳어졌던 어깨도 조금은 가벼워지고, 고단했던 마음도 왠지 펴지는 듯한 느낌이 든다. 행복이란 로또 당첨처럼 어느 날 갑자기 하늘에서 뚝 떨어지는 것이 아니다. 열심히 씨앗을 심고 물과 햇볕을 주고, 정성을 들여야만 싹을 틔운다. 즐거움도 행복도 나에게서 비롯된다. 그것을 발견하려는 마음만 있다면 말이다.

이처럼 공부하는 사람은 '나는 소중한 사람'이라고 다짐해볼 필요가 있다. 비록 외면은 화려하지 않더라도, 공부하는 사람의 내면은 언제나 단단하다는 것을 잊지 않길 바란다. 오늘부터 나는 스스로 소중한 사람'이라고 나를 향해 외쳐보자. 타인과 비교하지 않아도 스스로 가치를 발견해내는, 꿈을 잃지 않고 목표를 향해 언제나 치열하게 달리며, 일상 속 기쁨을 아는 '소중한 사람'이라는 다짐을 말이다. 그렇게 계속 외치다보면 무엇에도 흔들리지 않고, 그 누구도 침범할 수 없는 단단한 내면을 가질 수 있다.

 외면이 멋있다고 내실이 알찬 것은 아니다. 겉치레만 보면 공부하는 나는 누구보다 초라해 보일 수 있다. 하지만 누구보다 값진 하루를 보내지 않았는가. 오늘 내가 계획한 일을 성실히 마쳤는지 확인하는 밤, 거울을 보며 자신감이 꽉 찬 나를 발견하자.

이제, 당신의 노력은
배신하지 않는다

✦

실패한 자가 패배하는 것이 아니라 포기한 자가 패배하는 것이다.

| 장 파울 |

나는 어제보다 오늘, 오늘보다 내일 딱 한 발짝이라도 발전하기 위해 끊임없이 노력한다. 여러 책을 통해 공부하기도 했고, 성공한 이들을 롤모델 삼아 멘토링을 받기도 했다. 그 과정에서 스스로를 아끼고 응원하면 그만큼의 결과가 따른다는 것도 알게 되었다.

그렇다면 더 발전한 나, 더 나아지는 나를 만들기 위해서는 구체적으로 어떤 노력들이 필요할까?

나만 옳다는 편협함 대신 낮은 자세로 배워라

먼저 배움의 자세를 낮춰야 한다. 무언가를 배우고자 할 때는 어떤 조언이든 열린 마음으로 귀담아듣는 자세가 필요하다. '그쯤은 나도 다 알고 있어'라든가 '아냐, 난 다르게 알고 있는데, 내가 맞아!'라는 태도를 가장 경계해야 한다. 자신이 알고 있는 것을 맹신하면 다른 이들의 말이 귀에 들어오지 않고 좋은 이야기들도 모두 튕겨져 나가버린다. 당연히 변화도 발전도 없다.

주변에 노래나 그림이나 운동을 가르치는 강사들을 보면 경험이 있는 사람들보다는 아예 백지 상태의 사람이 훨씬 흡수력이 좋다는 이야기를 많이 한다. 아무것도 모른다고 생각하기에 기본부터 차근차근 배우려는 마음가짐이 되어 있고, 강사가 알려주는 것들을 편견 없이 받아들여 연습하기 때문이다. 반면 어설프게 배웠거나 잘못 배운 이들의 경우 습득력도 떨어지고 오히려 더 나쁜 결과가 나오기도 한다. "엉터리로 배운 사람은 아무 것도 모르는 사람보다 더 어리석다"는 벤저민 프랭클린의 말과도 일맥상통한다.

세상에 모든 것을 다 잘 알고 잘하는 사람은 없다. 비록 공부는 나보다 못하지만, 운동에 대해서만큼은 내 친구가 월등히 뛰어날 수 있다. 혹은 내가 그 분야 전문가라 해도 나와는 다른 지식, 다른 견해를 가진 사람이 있을 수 있으니 무조건 배격하는 것은 옳지 않다.

나 역시 의사지만 환자들이 다른 병원에서 치료받은 경험을 이야기하거나, 약물에 대한 부작용 경험, 혹은 책에서 읽는 내용들을 이야기할 때 가급적 열린 자세로 듣는 편이다.

이때 '환자가 의사인 나보다 더 잘 알 리가 없잖아'라는 태도로 환자의 말을 무시하거나 무조건 내가 옳다고 주장하지 않는다. 아무리 의사라 해도 환자 개인이 느낀 질병의 경험이나 증상을 100퍼센트 알 수는 없다. 또 치료 과정에서 나타나는 반응은 환자마다 제각각 다르기에 환자들이 하는 이야기에 귀를 기울이는 것은 반드시 필요한 일이다.

그 과정에서 혹시 내가 놓친 것은 없는지, 또 다른 예외적인 사례는 없는지 발견하고 배우고 익힐 수 있다. 나만이 옳고 나만이 정답을 알고 있다는 자만심을 버리자. 편협함과 자만이야말로 변화와 발전을 가로막는 가장 무서운 함정이다. 자만과 자존은 한 글자 차이지만 그 간극은 하늘과 땅만큼 크다. 나를 아끼고 사랑하되 늘 겸손을 잃지 않는 것, 진짜 자존감은 거기서 나온다.

경청하는 능력이 성공하는 능력이다

불필요한 자존심을 내세우지 말 것, 이것이 내가 꾸준히 공부하고 인간관계를 맺어오며 배운 교훈이다. 일을 대할 때도 마찬가지다. 자존감 넘치는 사람은 절대 자존심을 내세우지 않는다. 가족이나 친구 사이에서도 대화를 나누다 보면 자존심에 상처를 입는 경우가 있다. 그때 욱 하는 감정이 들더라도 잠시 마음을 다스리고 화를 참아보자. 상대가 일부러 상처를 주려고 하는 말이라면 선을 넘지 못하게 당부를 해야겠지만, 그렇지 않은 경우라면 감정적으로 대하지 않고 한 템포 쉬어 갈 필요가 있다.

가끔 가까운 이들이 해주는 뼈아픈 조언은 그 어떤 영양제보다도 도움이 되곤 한다. 누가 나의 단점을 지적했다면 "네가 뭔데 그런 소리를 해"라고 반발하기 전에 자신을 객관화시켜서 생각해보자. 정말로 상대가 지적한 것처럼 내게 그런 모습이 있는지, 미처 몰랐거나 혹은 인정하고 싶지 않은 나의 치명적 단점이 다른 이들을 힘들게 했던 건 아닌지 말이다. 나를 되돌아보는 시간을 갖는 것은 자기 발전을 위해 반드시 필요하다.

이것은 곧 경청의 자세와 통하기도 한다. "말하는 것은 지식의 영역이고, 듣는 것은 지혜의 영역이다"라는 글귀를 접한 적이 있다. 수업 시간에도 집중해서 잘 경청하는 학생들이, 무엇을 모르는지 무엇을 보완해야 할지 파악해 성적을 잘 받는다. 토론에서도 상대의 말을 잘 듣는 사람이 논리의 허점을 찾아내고, 날카롭게 파고들어 공격할 수 있다.

경청하고 숙고하는 태도는 공부뿐 아니라 인생 전체를 성공으로 이끄는 사람들의 가장 핵심적인 태도다.

하루의 시작과 끝이 좋으면 인생 전체가 좋다

평범한 사람들의 아침 시간은 알람을 몇 번씩 끄다 겨우 일어나 머릿속도 흐리멍텅한 상태인 경우가 많다. 어제 미처 보내지 못한 이메일, 어제 하려고 했지만 흐지부지돼버린 공부, 오늘 예정된 회의 자료를 준비하다 말았다는 사실 등 하다 만 일과 해야 할 일들이 뒤죽박죽 엉켜서 눈을 뜨자마자 이미 피곤한 상태가 된다. 그러면서도 휴대폰을 들고 습관적으로 SNS에 들어가 새로 올라온 글에 '좋아요'를 누르고 있는 자신을 발견할 것이다.

이렇게 아침이 두서없이 시작되면 하루를 정신없이 보내게 되고, 시간 관리도 효율적으로 되지 않을뿐더러 심리적 피곤함을 떨치기 어렵다. 그래서 나는 하루를 시작하는 오전에 마음을 가다듬고 10분 정도 하루를 어떻게 보낼 것인지를 생각한다. 하루를 알차게 보내기 위한 예열의 시간이라고 볼 수 있다.

나는 평균 6시간 30분 정도의 수면 시간을 지킬 뿐 아침에 일어나는 시간을 고정해두지는 않는 편이다. 아침에 일어나서 식초 음료를 마시고 음악을 들으며 명상한다. 아침은 먹지 않는다. 무엇이든 시작이 중요한 것처럼 하루의 시작인 아침을 어수선하게 열면 하루가 어수선해진다. 반면 이런 식의 아침 루틴을 꾸준히 지키면서 정돈된 상태로 시작하면 하루를 대하는 태도가 달라진다.

하루를 마감할 때도 마찬가지다. 오늘은 어떤 일들이 있었고, 어떤 점들이 부족했는지, 내일은 또 어떤 일들을 해야 하는지 생각하면서 잠자리에 든다. 이때 다이어리를 들여다보면서 구체적으로 하루 동안의 일과를 점검해보면 좋다. 반성할 것과 고쳐야 할 것들도 마음에 되새긴다.

그러면 다음 날 아침 눈을 떴을 때 개운한 기분으로 일어날 수 있다. 복잡하고 어수선한 문제들이 머릿속을 어지럽히지 않을 테니 말이다. 다이어리를 보며 하루를 점검하는 일뿐 아니라, 1년 전이나 2년 전 다이어리들도 가끔씩 들추어보며 당시를 반추한다. 그런 과정을 자주 반복해서 몇 년 전에 했던 일들도 거의 기억하는 편이다.

이처럼 지나온 삶의 궤적을 점검하는 것은 미래의 인생을 어떻게 살아가야 할지에 대한 방향성을 제시한다는 점에서 무척 중요하다. 또한 내 인생 전체의 흐름이 보인다. 그것을 아는 것과 모르는 것은 삶 전체를 대하는 태도에 영향을 미친다.

나태함에 지지 않기 위하여

우리가 가장 경계해야 할 것은 자기 자신의 나태함이다. 사람들은 자신에게 자꾸 너그러워지려는 습관이 있다. 그래서 자신과 한 약속을 슬쩍 어기고, 오늘 할 일을 내일로 미루고, 이쯤이면 됐지 하는 생각에 늘 적당한 선에서 타협한다. 이래서는 당연히 자신이 목표로 하는 것들을 이루기 어렵다. 많이 자고 많이 놀면서 성적을 잘 받는 방법은 없다. 식사 조절이나 운동을 병행하지 않고 다이어트를 할 수는 없는 법이다. 무슨 일이든 원하는 결과를 보려면 그에 따르는 노력이 필요하며, 그 노력은 나태함이라는 장애물을 넘어서야 한다.

나 역시 사람인지라 간혹 유튜브 영상을 찍는 일에 소홀해지거나 나태해지려는 나를 느낄 때가 있다. 그럴 때면 다른 유튜버들의 영상을 보거나 책을 읽으며 다시 동기부여를 하려고 애쓴다. 그런 나를 보고 누군가는 한번 사는 인생인데, 왜 그렇게 빡빡하게 사느냐고 묻기도 한다.

그럴 때마다 나는 '내 안에 우선순위가 있기 때문'이라고 대답한다. 나는 돈보다 시간이, 그리고 시간보다 건강이 중요하다고 생각한다. 돈은 언제든 다시 벌 수 있지만, 시간은 언제나 유한하기에 원하는 만큼 손에 넣을 수도, 또 되돌릴 수도 없기 때문이다. 이와 같은 내 인생의 우선순위가 있기에 나는 어떠한 순간에도 나태해지기보다 치열하게 노력하는 삶을 살 수 있는 것이다.

지금 이 순간에도 치열하게 자신과 싸우고 이겨내는 수없이 많은 사람들이 있을 것이다. 한국뿐만 아니라 전 세계에 이런 사람들이 있다고 생각하면, 다시 한 번 긴장의 고삐를 쥐게 된다. 무언가를 배우고, 자극을 받고, 나를 발전시키는 과정에서 나는 즐거움을 느낀다. 멈추지 않고 성장을 거듭하는 나의 모습이 좋기 때문이다.

인생에서 성공이라는 단어를 맛보기 위한 1단계는 본인이 가진 나태함을 극복하는 것이다. 나를 바꾸는 것이야말로 내 의지로 할 수 있는 일이다. 성공 철학의 거장인 나폴레온 힐은 "인내와 끈기와 피나는 노력은 성공을 안겨주는 무적불패의 조합이다"라고 말했다. 너무 당연한 말 같지만 때론 너무 당연해서 등한시하거나 실천하지 않는 경우가 많다. 그 당연한 말들을 다시 돌아보고 내 안에 새기고 실천할 때 노력은 절대 우리를 배신하지 않는다.

Tip 하루의 시작이 좋으면 하루가 평탄하다. 하루의 마무리가 좋으면 다음 날의 시작도 좋다. 하루하루를 100일만 더한다면, 지금의 나는 과거의 나로서만 존재한다는 것을 명심하고, 오늘을 살자.

절대 배신하지 않는 공부의 기술

간절한 꿈은
반드시 이루어진다

2019년 유난히 추웠던 겨울날, 진규가 보내온 메일이 아직도 기억에 선명하다. 유튜브 채널 구독자들로부터 받은 메일들로 빼곡하게 들어찬 메일함 속에서 유독 진규의 메일이 빛났다. 은둔형 외톨이로 청소년기를 보내고 20대에 막 들어선 진규의 마음은 어땠을까. 막막한 현실에서 벗어나 스스로 변화하고자 공부에 도전하고 싶다는 진규의 메일에는 글자 하나, 구절 하나에도 '간절한 의지'가 묻어났다. 맞춤법도 엉망이고 글솜씨도 없었지만 진규의 간절한 마음이 고스란히 담겨 있는 아주 아름다운 글이었다. 간절한 마음이 내게 닿은 덕분에 나는 진규를 만났고, 진규가 스스로를 가두고 있던 작은 방에서 벗어나 더 넓은 세상으로 한 걸음씩 나올 수 있도록 지금까지도 아낌없는 응원과 박수를 보내고 있다.

진규의 편지를 떠올릴 때마다 나는 가끔 어려웠던 그때 그 시절로 돌아간다. 아버지의 보증 실패로 집안에 한숨 소리만 가득했고, 집안 공기가 늘 무거웠던 그 순간으로 말이다. 중학생이었던 나는 새 책 한 권 사고 싶다는 말조차 꺼낼 수 없었다. 왜 나만 이렇게 힘들게 살아야 하나, 왜 이런 환경에서 공부를 해야 하나, 머릿속에 드는 생각은 온통 나쁜 쪽으로만 흘러갔다. 그때 나를 바꿔놓았던 건 '더 이상 이렇게 살 순 없다'라는 마음속 깊은 곳에서 우러나온 외마디 비명이었다. 나는 내게 주어진 현실에서 벗어나고자 공부하기로 마음먹었고, 부모님은 나에게 단단한 믿음과 응원의 눈빛을 아낌없이 주셨다. 부모님이 나를 믿어준다는 사실 하나만으로 내게는 무척 큰 동기부여가 됐고, 그 덕분에 지금까지 수많은 꿈을 꾸고 이루며 살아올 수 있었다.

목표를 향해 열심히 달려가고 있는 사람에겐 이를 믿어주는 사람이 필요하다. 나에겐 부모님이 있었고, 지금 진규에겐 내가 있다. 진규는 공부를 시작한 지 10개월 만에 목표했던 토익 800점을 넘겼고, 이제 자기 스스로 세운 '의대 진학'이라는 목표를 향해 새로운 공부를 시작했다. 자신 앞의 엉킨 실타래를 풀어가면서 우직하게 목표를 향해 걸어나가고 있다.

　만약 공부가 너무 힘들어 포기하고 싶을 때면 당신의 노력을 응원하고 있는 내가 있다는 사실을 잊지 않길 바란다. 나는 열심히 공부하고 있는 우리 모두가 서로의 버팀목이 되어주리라 믿는다. 만약 그래도 힘이 나지 않는다면, 힘든 상황 속에서도 포기하지 않고 여기까지 달려온 자신을 믿어보자. 세상에 공부만큼 정직한 것은 없다. 나만의 공부법을 찾아내고 역치를 넘어설 정도로 공부하면, 합격의 문은 열리기 마련이다.

　나도 해냈고 진규도 해냈다. 그러니 물론 당신도 할 수 있다. 간절히 원하는 바를 가슴에 품고 목표를 이룰 때까지 포기하지 않는다면, 당신은 결국 해낼 것이다. 한 뼘 더 성장해 웃고 있을 그날의 당신을 만나러 가는 오늘 하루도, 고생했다 말해주고 싶다.

당신의 노력을 합격으로 바꾸는 14일 완성 공부 습관 프로젝트

절대 배신하지 않는 공부의 기술

초판 1쇄 발행 2021년 2월 28일
초판 10쇄 발행 2023년 8월 28일

지은이 이상욱

발행인 이재진 **단행본사업본부장** 신동해
책임편집 윤지윤 **교정** 한미리 **디자인** 디박스
마케팅 최혜진 이인국 **홍보** 반여진 허지호 정지연
제작 정석훈

브랜드 웅진지식하우스
주소 경기도 파주시 회동길 20
문의전화 031-956-7356(편집) 031-956-7089(마케팅)
홈페이지 www.wjbooks.co.kr
인스타그램 www.instagram.com/woongjin_readers
페이스북 https://www.facebook.com/woongjinreaders
블로그 blog.naver.com/wj_booking

발행처 ㈜웅진씽크빅
출판신고 1980년 3월 29일 제406-2007-000046호

ⓒ 이상욱, 2021

ISBN 978-89-01-24875-2 (03190)